어둠은 빛을 이길 수 없습니다

어둠은 빛을 이길 수 없습니다

2008 촛불의 기록

한겨레출판

차례

촛불시민이 촛불시민에게

예뻤습니다. 옹기종기 모여 앉아 직접 만들어온 손 팻말을 열렬히 흔들어대는 모습이 참 예뻤습니다. 단상의 누군가가 조금이라도 우스운 말을 하면 까르르 웃어대는 모습이 참 예뻤습니다. '웃자란 철부지'란 일부의 폄하에도 결기 있게 소신을 밝히는 모습이 참 예뻤습니다. 그들은 처음에 교복 차림이었지요. 레이어드룩이라고 하나요. 유행을 좇은 행색은 길거리에서 마주치는 여느 학생들과 다를 바가 없었습니다. 말하는 품새도 그리 도드라져 보이지 않았습니다. 그렇기에 청계광장에 처음 밝혀진 촛불은 그저 해프닝에 불과해 보였습니다. 하지만 촛불은 쉽게 사그라지지 않았지요. 오히려 10대 소녀들의 촛불은 20대 대학생들과 386 기성세대들을 부끄럽게 만들었고, 그 부끄러움으로 새로운 촛불을 들게 만들었습니다. 그리고 유모차 부대와 '배운녀자'들, 예비군 부대와 넥타이 부대에게도 용기를 주었습니다. 마치 한 고등학생이 포털 공간에서 시작한 '이명박 대통령 탄핵 청원'이 파도일듯 필부필부들의 마음을 움직여 100만 명이 넘는 사람들이 서명에 동참한 것처럼 말입니다. 누리꾼의 활동에 대해서도 처음에는 많은 사람들이 반신반의했지요. 온라인 공간에서는 익명에 기대어 무책임하게 언성을 높이거나 비겁하게 남 탓만 하는 경우가 종종 있었기에 대부분의 사람들은 지레짐작으로 누리꾼의 열성이 얼마 못 가 제풀에 꺾일 거라고 단정했습니다. 하지만 이번에는 누리꾼도 달랐습니다. 온라인, 오프라인 가리지 않고 시종일관 종횡무진 하였지요. 덕분에 누리꾼은 '키보드 워리어'라는 별칭을 얻고, 촛불은 청계천에서 시청 앞 서울광장으로, 청와대로, 강남 코엑스 몰로, KBS 앞으로, 기륭전자 농성장으로 옮겨 타올랐습니다. 경찰들이 연행자들에게 빠짐없이 물었다는 "당신도 아고라 회원이냐"는 물음은 우스꽝스럽기 그지없지만, 온라인 공간이 이번 촛불의 고동이 되었다는 점을 반증하기도 합니다.

그래서인가요. 우리는 모두 처음 촛불이 켜졌을 때 어리둥절하기만 했지요. 이른바 '눈덩이효과'니, '나비효과'라는 생소했던 개념이 눈앞에서 실제 이루어지는 걸 보고 서로 망연해 하기도 하고요. 촛불이 왜 이리 들불처럼 옮겨 붙었는지, 언제까지 촛불을 밝혀야 하는지 누구 하나 또렷한 대답을 할 수 없었으니까요. 하지만 언제부터인가 그런 질문들은 무의미해졌습니다. 어제, 오늘의 촛불이 내일의 촛불을 밝히는 심지가 되는 자연스러움을 절로 얻을 수 있었기 때문이지요. 그렇다고 전국 곳곳에서 타올랐던 촛불이 매양 같았던 건 아닙니다. 촛불은 나날이 진화했지요. 진화의 양상은 부단했을 뿐 아니라 창조적이기도 했습니다. "미친 소 MB 너나 먹어!"라는 구호가 "소에게는 풀을, MB에겐 촛불을!"이란 구호로 바뀌면서 마침내 인간의 욕망을 우선시하던 촛불의 시선은 자연과 함께하는 생명의 관점으로 진보했습니다.

촛불집회에 참여한 사람들은 어쩌면 처음에는 그저 관객이었을지도 모르겠습니다. 앳된 소녀들의 손에 하나둘 촛불이 켜지는 경이로운 광경을 지켜보러 나갔다가, 부끄러워하다가, 즐거워하다가, 노여워하다가 그러다가 촛불시민이 되었을지도 모를 일이지요. 하지만 그게 뭐 어떻습니까. 촛불집회에선 모든 것이 자연스럽지 않던가요. 촛불시민이 되고 나서, 세상에 태어나 처음으로 겪는 일이 많았습니다. 뭔가 열심히 소망하고 진정으로 몰두하다보면 상상력도 쑥쑥 뻗치는 모양입니다. 상황에 따라 눈물을 흘리기도, 분연하기도 했던 촛불소녀의 다채로운 얼굴 표정을 기억하시는지요? '본(Bourne) 시리즈'를 패러디한 〈뼈의 최후통첩〉은 꽤 그럴싸하지 않았습니까? 온갖 홍보물과 신조어들로 가득 덮인 명박산성 벽은 마치 재치의 경연장 같았습니다. 촛불시민들이 보여준 풍자의 경지는 놀라울 지경이었습니다. 모 의원 18원 후원 이벤트나 스티로폼 산성, 오늘의 숙제, 촛불 다방, 횡단보도

시위 등을 생각해낸 촛불시민들은 마치 마술사 같았어요. 그리고 시민들은 민회를 다시 부활시켰습니다. 때와 장소를 가리지 않고 백가쟁명식으로 서로의 기지를 겨루었지요. 동십자각 네거리이든, 명박산성 앞이든 막론하고 촛불이 켜진 곳이라면 어디든지 에클레시아(고대 그리스 시대의 민회)가 열리던 프닉스 언덕이 되었고, 만민공동회가 열리던 종로 광장이 되었습니다.

무엇보다 사람들을 뿌듯하게 했던 것은 서로가 서로에게 보여준 뜨거운 연대감이었을 것입니다. 앉을자리가 마땅하지 않아 엉거주춤하고 있노라면 옆 사람이 재빠른 동작으로 자신이 깔고 앉았던 신문지를 건네줍니다. 어떤 시민은 아예 사람들에게 나눠줄 작정으로 여분의 은박지 방석을 미리 챙겨오기도 하더군요. 촛불이 꺼지면 무슨 수를 써서라도 불기운을 살려주려고 주변 사람들이 애를 쓰지요. 그 순간 가슴 밑바닥에서 무엇인가 환하고 따스한 것이 뭉클 솟구치데요. 행진을 마무리할 즈음 일찌감치 쓰레기봉투를 들고 청소를 시작하던 사람들과 밤새도록 촛농을 지우려는 듯 웬만해선 허리를 펴지 않던 사람들에겐 절로 고개가 숙여졌습니다. 먹을거리를 나누는 미덕은 기본이지요. 처음 집회 현장에서 박카스나 호두과자 같은 게 돌려졌을 땐, 장사치들의 미끼인 줄 알았습니다. 점점 다양해지는 온갖 종류의 먹을거리들은 성찬과 다름없었고, 이 때문에 어떤 이는 아예 저녁을 거르고 나온다고도 했지요. 광장에서 만나는 사람들은 이렇게 많은 것을 공짜로 먹어본 적은 처음이라 고백하며 뜻밖의 선물을 받은 아이처럼 즐거워했습니다. 심지어 물대포와 소화분말을 쏟아낸 경찰들에게까지 '정'이라는 글자가 크게 새겨진 초코파이가 이손 저손을 거쳐 전해졌으니 그 우애는 참 오지랖이 넓다고 하겠습니다.

그러면서 우리는 '나 몰라라' 하거나 혹은 '누군가' 하겠지 하며 뒷짐 진 모습에서 '내가' 앞장서고 '함께'하는 모습으로 바뀌게 된 듯합니다. 많은 사람들이 촛불집회에 참여하고 나서 "때에 찌들었던 일상이 정화되었다"는 고백을 했습니다. "인생을 다시 생각하게 되었다"며 지나온 삶의 궤적을 진지하게 성찰하는 사람들도 많았습니다. 사실 인생에서 세상을 바라보는 시선이나 삶의 태도–거창하게 세계관으로 부르기도 하지요–가 바뀌는 '결정적인 순간'을 누구나 맞이하지는 않습니다. 그런 의미에서 촛불시민들은 인생에서 큰 선물을 얻었다고도 할 수 있겠지요. 물론 촛불시민들이 누렸던 건, 광장에서 넘쳐났던 유쾌함과 거리에서 만끽했던 해방감만은 아니었습니다. 그토록 충만했던 연대감이나 자기 존중감이 한순간에 분노로 바뀌어 머릿속이 텅 비는 순간들도 많았습니다. 이명박 대통령의 무지와 불통, 경찰의 야만적인 폭력, 보수를 자처하던 사람들의 일방적 폄하 때문에 절망을 토로하며 밤을 지새우기도 했지요. 때때로 노여움의 눈물이 치솟기도 했고, 모욕감에 치를 떨기도 하였습니다. 우리가 서 있는 길이 막다른 길이 아닐까 하는 불안감도 참 힘겨웠지요. 무엇보다 우리 스스로가 촛불이었기에 성찰적 거리를 얻는 일이 어려웠습니다. 촛불에 도취하지 않기 위해 각고의 노력이 필요하단 점에 모두가 수긍했지만, 우리는 어쩔 수 없이 촛불의 한 매듭이 지어지는 대목마다 자성의 시간을 가져야 했습니다. 그럼에도 성찰의 깊이가 촛불의 영혼에 닿지 못해 여태 우리의 어깨를 짓누르고 있기도 합니다.

그렇게 시나브로 시간은 흘러 우리는 한여름을 보내고 스멀스멀 파고드는 찬 기운 때문에 몸이 조금씩 움츠러드는 계절의 끝자락에 와 있습니다. 100차 촛불문화제를 치렀고, 누리꾼이 다시 모여 제2의 촛불을 청계광장에서 밝히기도 하였지요. 곧 새해가 오겠지요. 딱히 누구랄 것도 없는 이들이 촛불을 처음으로 밝혔던 5월 2일도, 머리끝까지 차오른 답답함에 자연스레 청와대로 향했던 5월 24일도, 87년 이래 가장 많은 시민들이 결집해 한목소리를 냈던 6월 10일도, 성숙의 아름다운 공명을 펼쳤던 6월 29일도, 국민 승리를 선언했던 7월 5일도, 레토릭으로 전락하고만 헌법의 구구절절을 국민들에게 다시금 상기하게 한 7월 17일, 8월 15일도 모두 과거지사로 밀려났습니다.

이런 까닭에 몇 사람들이 '기억의 투쟁'이란 말을 떠올린 건 그리 난데 없는 호들갑은 아니었습니다. '기억의 투쟁'이란 말은 일본군 위안부 문제 등 과거사에 대한 역사 인식이 왜곡되는 경우에 주로 쓰이지요. 과거사라는 단어에서 느낄 수 있는 것처럼 최소한 한 세대 이전의 역사 인식에서 흔히 거론됩니다. 하지만 2008년의 촛불도 곧 '망각에 대한 기억의 투쟁'을 벌여야 할 대상이 될 것입니다. 기억은 객관적일 수 없으니 누구나 자기 나름의 기억을 재구성하겠지요. 또한 기억은 본래 의지의 산물이라고 할 수도 있으니, 재구성된 기억은 어쩌면 각자의 시각에서만 이해가 될지도 모르겠습니다. 우리는 한 시각에 촛불을 들었으되 모두 다른 곳에 있었으며, 설령 한 곳에 있었다 하더라도 우리의 오감이 뻗쳤던 곳은 모두 달랐습니다. 그래서 한 사람 한 사람이 보고 느낀 것, 관찰하고 경험한 것은 작은 조각에 불과할 것입니다. 그러나 그 개인적 편린들이 언젠가 역사의 연흔이 되겠지요. 이미 촛불에 대한 개인들의 기억은 수많은 사회적 창작물을 생산하였고, 일종의 '사회적 기억'을 형성하기 시작했습니다. 이제 촛불에 대한 사회적 기억은 한 철학자의 말대로 한국 사회의 '정체성의 토대'로 작용할 것입니다.

그러기에 몇 사람들이 얼기설기 얽힌 기억의 씨줄과 날줄을 엮어 촛불을 기록해보자고 팔을 걷어붙인 것이 그리 유다른 생각은 아닐 것입니다. 뭐니 뭐니 해도 기록의 목적은 망각을 피하자는 것이겠지요. 기억이 모든 이들의 의무라고까지 할 수는 없겠으나, 솔직히 우리는 너무 쉽게 잊고 살아가고 있지 않나요?

기록 작업의 또 다른 목적은 '기억의 낭만화'를 피하는 것입니다. 촛불은 누구에게나 살아 있는 현실이었지요. 그럼에도 불구하고 시간이 아주 조금만 움직인 경우에도 시간이 갖고 있는 어떤 절대성으로 말미암아 종종 신비화되곤 합니다. 그래서 이 책에 사진과 글을 실은 사람들은 촛불 현장에서 만난 사람들의 이야기와 사람들이 펼쳐낸 장면을 담으려고 애썼습니다. 마치 한 편의 다큐멘터리를 보는 것처럼 말입니다. 물론 다큐멘터리에는 특정한 시선이 동반됩니다. 촛불시민들이 주인공으로 등장하는 다큐멘터리에는 '2008 촛불' 이전에는 없었던 것, 새롭게 만들어진 가치들이 가득합니다. 분명한 게 하나도 없는 미래에서조차 의의를 가질 수 있다고 확신할 수 있는 '자주'와 '자결', '연대'와 '공공성 존중'의 가치들 말입니다. 촛불은 역사적으로 확연히 새로운 저항의 주체를 탄생시켰습니다. 그리고 다행스럽게도 그들은 2008년 한국사회가 진실하게 요구하는 사회적 가치를 만들어낸 것이지요. 더불어 한국사회에 대한 반성적 성찰과 성찰에 뒤이은 창조적 저항, 그리고 대안의 물꼬를 트는 행보를 시작하게 되었습니다. 기록을 통한 기억의 재구성 작업은 이러한 촛불의 사회적 가치와 의의를 담는 작은 그릇의 역할을 해야지 싶습니다.

조금 더 시간이 흘러 2009년 5월이 되었을 때 촛불시민들은 무엇을 하고 있을까요? 장대비 속에서 살수차의 물대포 세례를 감내하던 지난 한여름 밤의 무용담을 안주 삼아 어딘가에서 목청껏 떠들고 있을까요? 아니면 촛불 시즌 2, 시즌 3을 맘껏 펼치지 못하는 자괴감 때문에 고개를 숙인 채 서울광장을 배회하고 있을까요? 아마도 대부분의 촛불시민들은 그저 그렇게 하루를 보내겠지요. 하지만 촛불 1년이란 타이틀이 붙어 있는 무언가를 접하는 순간, 1년 전 광장에서 시시때때로 우리의 머리와 가슴을 자극했던 많은 것들을 떠올리겠지요. 그리고 마음속에서 한 번도 꺼트린 적이 없고, 그래서 서로의 마음속에 선연히 밝혀져 있었던 촛불을 다시 한 번 소중하게 확인할 겁니다.

촛불시민이 촛불시민에게 말합니다. 이제 다시 그 마음속 촛불들을 다시 한 번 모아보자고 말입니다.

2008년 12월
박영선

1

전조

예정된 분노, 그리고 성찰의 시간

_윤형근

~5월 1일

2008. 4.23, AM 7:11, 경북 경주시 외동읍 입실리, 김봉규

성찰에 이르기까지 그리 오랜 시간이 필요하지 않았다. 대통령 선거가 끝난 지 반년도 안 되었다. 새 정부가 들어선 지 100일, 총선이 치러진 지 채 한 달도 지나지 않아서 우리는 지난 시간 우리의 선택을 되돌아볼 수 있게 된 것이다. 촛불은 우리의 모습을 밝혀주는 사회적 성찰의 상징이었다. '경제 살리기'라는 명분에 표를 던졌던 우리의 행위가, 에세이스트 김현진이 〈시사IN〉에서 지적했던 것처럼 '내 아파트 값도 확 뛰었으면' '우리 아이가 자립형 사립고에 가서 유창하게 영어를 구사할 수 있었으면' 하고 바라는 우리 안의 속물성에 근거하고 있었다는 것을 뼈저리게 느낄 수 있는 시간이, 분노와 함께 우리 앞으로 갑작스레 다가왔다.

국민의 생명을 담보로 하는 위험한 도박이 시작되다

작년, 그러니까 2007년 결렬된 제1차 협상에 이어 4월 11일 재개된 한미 간 제2차 쇠고기 수입 조건 협상이 대통령의 방미 기간 중인 4월 17일 타결되었다. 결과는 미국의 요구, 정확하게는 미국 축산업계의 요구를 고스란히 받아들인 것이다. 30개월 이상의 소뿐만 아니라 30개월 미만 소의 뇌, 머리뼈, 척수 등 광우병 위험 물질(SRM)을 포함한, 사실상 미국산 쇠고기의 전면 개방이었다.

뼛조각이 발견되어 미국산 쇠고기 수입이 중단된 데에 따라 이루어진 재협상이기 때문에 국민들은 협상 결과를 접하고 의아해 할 수밖에 없었다. 그런데 대통령은 미국에서 귀국한 직후인 4월 21일 "세계에서 가장 값비싼 쇠고기를 먹는 우리나라 도시민들이 질 좋은

고기를 값싸게 먹을 수 있게 되었다"며 협상 성과를 과시했다. 다음날 협상 수석대표로 나섰던 정부 관계자는 "복어의 독을 빼듯 광우병 특정 위험 물질만 제거하면 99.9% 안전하다"는 안이하고 무책임한 발언으로 '이건 아니다'라는 국민 여론을 확산시킨다. 술렁거리던 민심에 결정적으로 분노의 불을 붙인 계기는 4월 29일 '미국산 쇠고기, 과연 광우병에서 안전한가'라는 제목의 MBC 〈PD수첩〉 방영이었다. 광우병의 위험을 경고하는 이 프로그램은 엄청난 반향을 불러왔다. 검역 주권을 포기한 협상 결과를 비판하고, 정부의 무책임한 태도에 분노하는 글들이 인터넷 게시판 등을 뜨겁게 달궜다.

이런 상황에서 정부는 미국산 쇠고기에 대한 문제 제기를 '정치 논리'로 단정 지었다. 조중동 등 주요 일간지와 한나라당 주요 당직자들은 일제히 〈PD수첩〉이 괴담을 만들고 선동에 가까운 주장으로 국민들을 정신적 공황상태로 몰아 혹세무민한다며 성난 민심의 원인을 방송 탓으로 돌린다.

게다가 한미 정상회담 때 보여준 이명박 대통령의 사대주의적 태도는 국민들의 자존심을 건드린다. 국민의 의사를 무시하는 새 정부의 행태에 대한 분노는 인수위 시절부터 국민을 절망시킨 영어몰입교육, 고소영·강부자 내각 파동의 기억을 되살렸다. 국민들은 한반도 대운하나 의료보험 등 공공기관 민영화를 추진하려는 저의에 대해서도 의혹의 시선을 보내기 시작했다. '경제 살리기'를 명분으로 내세운 이명박 정부의 주요 정책들은 거의 대부분 우리 삶을 위협하는 위험을 담보로 한 것이었다. 나중에 밝혀진 사실이지만, 쇠고기 협상 타결이 한미 FTA 비준을 염두에 둔 사전 조치였던 것처럼 말이다.

따지고 보면, 자본주의 시스템을 구축하는 한국 근대화의 전 과정이 위험을 담보로 하는 도박과 같은 것이었다. 이삼백 년의 긴 세월 동안 근대화의 주체와 사회가 서서히 새로운 관계를 형성하면서 근대화를 추진해온 서구와 달리 우리의 돌진적 근대화의 압축 성장은 (한신대 김종엽 교수가 한 신문 칼럼에서 지적한 대로) 고도로 '위험 감수적(risk-taking)'인 과정의 연속이었다.

군사정권이 막을 내리고 민주화의 과정에 접어든 이후에도 상황은 달라지지 않았다. 성장을 최우선 목표로 삼는 '개발국가'적 성격이 변하지 않았고, 1990년대 중반 이후로는 신자유주의 세계화가 국가의 정책 방향으로 채택, 추진되었기 때문이다. 다만, 한편에서는 민주화의 영향으로 조정을 통해 일부 계층이나 계급에게 전가되었던 위험을 사전에 예방하고 분산하는 사회 시스템으로의 전환을 모색하는 흐름이 있었다. 급격한 신자유주의 정책을 추진하긴 했지만 국민의 정부나 참여정부는 다른 한편 사회적 안전망의 도입, 생산적 복지, 균형발전, 복지 분권화 등을 통해 세계화의 그늘을 보완하고, 절차적 민주주의라는 위험에 대한 최소한의 조절장치를 마련하고 있었다.

그런데 이명박 정부는 정권 초기부터 대운하, 학교자율화, 각종 규제완화, 공공기관 민영화 등 '경제 살리기'를 명분으로 내건 신자유주의 세계화 정책을 아무런 보완장치도 없이 극단적으로 전면화하였다. 국민들의 의견을 조율하거나 이해당사자들과의 의사 조정과 같은 민주화의 성과는 무시되었다. 군사정권 시절을 관통하며 "모험적이고 위험 추구적인 기업 활동 속에서 승승장구했고 또 대통령에까지 이른 사람"이라는 이 대통령의 개인적 성향까지 더해져 새 정부의 '경제 살리기' 방책은 고도로 위험 감수적인 압축 성장 시대로의 회귀였다.

이명박 정부의 정책은 경제 살리기를 위해서는 광우병 발병의 위험 정도는 감수해야 한다는 일종의 게임의 논리에 근거한 것이었다. 그리고 그 게임이 우리가 생각했던 것보다 훨씬 위험한, 우리의 생명을 담보로 한 도박이라는 사실을 우리는 쇠고기 수입 협상을 통해 알아챌 수 있었다. 무엇보다 우리의 속물적 욕망이 이런 사태를 초래한 공범자임을 깨닫는 아픈 성찰이 뒤따랐다. (초기 촛불집회의 많은 자유 발언은, 모심과 살림 연구소 이근행 사무국장이 언급한 것처럼, '자기를 반성하는 이야기'에서 시작되어 광우병에 대한 두려움, 이명박 정부와 언론에 대한 비판으로 이어졌다. 이러한 자기 반성은 우리에 대한 성찰과 상통하고, 후에 사제단의 등장과도 한 맥을 이룬다.)

주변인의 생명에 대한 본능, 우정과 환대의 공동체

국민의 의사를 무시하는 정부의 오만에 대한 분노와 '성장 욕망'으로 꿈틀거리는 '우리

2008. 2.20. AM 10:29, 경기 안양시 국립수의과학검역원, 강창광

안의 속물성'에 대한 성찰에 직접적인 계기를 마련해준 것은 뜻밖에 여중고생들이었다.

쇠고기 협상이 타결되기 며칠 전인 4월 15일, 정부는 수준별 이동수업 및 우열반 편성, 0교시 및 10시 이후 자율학습 허용 등을 내용으로 하는 학교자율화 조치를 발표한다. 이에 감수성 예민한 여중고생들이 술렁이기 시작했다. 그 직후 광우병 위험이 있는 쇠고기를 수입하기로 했다는 발표가 나오자 학교가 들썩였다. 정작 쇠고기가 수입되면 반강제적인 학교 급식으로 자신들이 가장 먼저 위험에 노출될 수 있다는 사실이 여중고생들을 경악하게 했다. 선거에 참여할 수 없지만, 선거 결과의 영향을 온몸으로 감수해야 하는 그들로서는 자신들의 의사를 표현할 방법이 필요했다. 협상 타결 보도가 나온 후 5월 2일 최초의 촛

2008. 2.26, PM 4:12, 국회 본관 현관, 김종수

불집회가 시작될 때까지 이들 여중고생들이 중심이 되어 생활 현장의 수다, 휴대폰 문자메시지, 그리고 미친소닷넷, 아고라, 각종 개인 블로그 등을 통해 광우병에 관한 정보가 번져 나가고 그에 따른 아우성이 온라인 공간을 달구었다.

　여중고생들이 제일 먼저 촛불을 들 수 있었던 것은, 그들이 촛불의 또 다른 주체로 등장하는 아이를 기르는 주부들과 함께 사회의 주류 시스템으로부터 배제된 '주변인'이었기 때문이었다. 68혁명 이후 서서히 자리 잡기 시작한 서구의 녹색운동에서는 백인, 남성, 어른, 회사 인간 등 근대의 표준화된 인간에 속하지 못하는 노인, 여성, 청소년, 자영업자를 가리키는 주변인을 새로운 사회운동의 기반이며 주체로 여긴다. 국가를 장악한 기술 관료들이 전문성을 근거로 복잡한 수식을 들이대며 쇠고기 수입에 따른 광우병 발생 확률의 미미함을 내세울 때, 여중고생, 아이 엄마와 같은 주변인들의 감성이 위험을 본능적으로 감지하며 저항을 표출해냈던 것이다.

전통적인 사회운동의 주체인 노동자들은 이미 자본주의와 신자유주의의 경쟁 시스템을 유지시키는 한 축으로 포획되어 임금 협상과 같은 권익 문제에 묶여 있었고, 쇠고기 문제는 기존 전통적인 의제와 거리가 먼 일부 축산 농가만의 생존권 문제일 뿐이라 여기며 관심을 두지 않았다. 한편 시민운동 진영은 2000년 낙천낙선운동 이후 영향력이 감소하고 대선과 총선 결과로 인해 무기력과 절망에 빠져 의례적인 냉소만 흘릴 뿐, 어떤 해법이나 돌파구를 마련하기 어려운 상황이었다.

이처럼 시스템 내부에 동화되어 위험에 둔감해지거나 혹은 무기력에 빠진 이들과 달리 여중고생, 아이 엄마 등 주변인들은 주류 시스템이 가하는 폭력에 가장 직접적인 피해자일 가능성이 높고, 그것에 대해 가장 예민한 존재들이었다. 쇠고기 문제가 직접적인 생활의 문제이고, 생명에 대한 위협의 문제라는 점에서 앞으로 사회의 주류 시스템 외곽에서 돌봄의 역할을 담당해야 하거나 현재 담당하고 있는 여중고생, 주부들의 민감한 반응은 당연한 것이었다. 시스템에 포획되어 있지 않은 주변인이기 때문에 '나와 내 주위의 사람들이 위험에 처할 수 있다'는 느낌을 있는 그대로 표현할 수 있었던 것이다. 그들의 즉각적인 반응은 국가와 시장이 만들어내는 생명의 위기에 대한 '본능적인 감수성'으로 인한 것이었다. 이 감수성을 바탕으로 촛불집회가 그려낸 우정과 환대의 공동체는 국가와 시장이 가부장제와 결탁하여 여성들에게 강제하는 성 역할 분담으로서의 '돌봄'을 대안 사회의 구성 원리로 역전시키는 가능성을 보여주었다. 아이와 가족들에 대한 엄마들의 돌봄의 감수성과 팬덤(fandom) 문화를 통해 누군가를 보살피고 돌보는 훈련에 익숙해 있던 여고생들의 정서가 초기 촛불집회를 감싸고 있던 분위기와 직결된 것임을 짐작하기 어렵지 않다.

생명의 위기에 대한 본능적인 감수성은, 여중고생들을 처음 술렁이게 했던 학교자율화 조치와 같이 사실상 인간이 살아가는 에너지인 생명력, 활력, 생기를 가두고 옥죄는 주류 시스템에 대한 불안감으로 내재해 있다가, 광우병이라는 생명에 대한 직접적인 위협에 의해 전면으로 떠오른다. 나중에 촛불집회가 진행되면서 그러한 문제의식은 이명박 대통령의 대선공약이었던 대운하나 공공부문 민영화 같은 정책에 대해서까지 확장된다. 의료보험과 같은 공공부문의 민영화가 결국 우리의 생존권을 넘어 우리의 생명을 직접적으로 위협하는 것이고, 또 대운하 등의 사업이 한반도의 환경과 생명을 극심하게 파괴할 것이라는 데 인식을 공유하게 된다.

지나서 하는 이야기이지만, 연세대 조한혜정 교수의 말처럼, 촛불집회 자체는 거대한 상호 학습의 학교 같은 것이었다. 쇠고기를 이슈로 출발한 집회가 진행되면서 우리가 진짜 직면하고 있는 것은 신자유주의 세계화가 강박하고 있는 '총체적 생명의 위기'라는 데까지 인식의 지평을 확장시켰던 것이다.

촛불집회는 청소년들, 노사모에 뿌리를 둔 안티 이명박 그룹, 아고라 그룹, 전통적인 노동운동 단체, 공공성 사수 사회운동 그룹, 광우병국민대책회의, 프로축구 서포터즈, 홍대 라이브 밴드, 유모차 부대, 다양한 인터넷 동호회 그룹, 한미 간 협상을 보면서 자존심이 상한 어르신 등 서로 다른 정치적 지향을 가진 무수한 집단들이 이질적인 구호와 슬로건, 대화 방식을 표출하며 느슨하게 얽힌 연대의 광장이었다(「촛불집회와 스타일의 정치」, 이동연, 《문화과학》 2008년 가을호). 이들이 서로 얽히면서 상호 학습하는 첫발을 내딛게 한 것이 주변인인 여중고생, 주부들이었고, 이들이 가진 '생명의 위기에 대한 본능'과 '우정과 환대, 돌봄의 감수성'은 일정 시점까지 촛불집회를 지배하는 분위기가 되었다.

생명에 대한 감수성이 지키려는 생명력, 활력, 생기는 촛불집회라는 자율적 공간 속에서 서로가 우정과 신뢰, 환대를 나누며 제각각 자기 모습대로 꿈틀거리며 피어난 다양한 축제 형태의 다중심 집회를 유지하는 에너지였다. 집회 참여자들은 촛불 배후론에 대해 "내 돈으로 샀다"고 비웃으며 촛불을 사서 나누고, 경찰이나 검찰의 소환 조사 방침에 서로 자기가 안단테라고 주장하며 진짜 안단테를 보호했다. 강제연행에 맞서 닭장투어를 하겠다며 '날 잡아가라'고 나서는 사람들, 물대포를 맞으면서도 '온수, 온수'를 외치며 겁 없이 달려드는 여성들, 경찰과의 대치선에서 촛불들을 보호하는 예비군 부대, 다친 사람들을 치료하는 의사와 간호사들, 원천봉쇄에 맞서 집회의 돌파구를 뚫은 앞치마 연대와 유모차

2008. 4.30, AM 11: 09, 세종문화회관 앞, 이종근

어둠은
빛을
이길 수 없습니다

부대, 촛불들에게 먹을거리를 무료로 제공했던 '다인 아빠'와 젊은 여성들. 이렇게 새로운 감수성을 가진 사람들이 광화문과 서울광장, 그리고 거리 곳곳에서 토론과 축제의 마당을 펼쳤다.

공유하고 모이는, '관계하는 개인들'의 출현

여중고생들이 촉발의 계기를 마련했다면, 다음 아고라나 인터넷 커뮤니티, 개인 블로그 등 온라인 공간은 촛불이 구체적으로 조직되는 현장이었다. 사실 촛불은 쇠고기 협상이 타결된 4월 17일, 학교자율화 조치가 발표된 4월 15일 이전부터 온라인을 기반으로 서서히 조직되고 있었다.

4월 6일 고등학생인 안단테의 발의로 시작된 다음 아고라의 '대통령 탄핵 청원 서명운동'은 쇠고기 협상 타결과 함께 가속도가 붙어 4월 말 이미 30만이 넘는 네티즌이 참여했다. 이명박 대통령 미니홈피에는 4월 27일 하루에만 5만 명이 다녀가고 2만 명이 방명록에 글을 남겨 정부 정책을 비판했다. 안티 이명박 카페, 이명박 탄핵 국민운동본부, '미친소닷넷'을 필두로 성형, 요리, 패션 온라인 동호회인 '쌍코' '82쿡' '마이클럽', 유모차 부대인 '세상을 바꾸는 여자들'과 같은 곳에서도 광우병에 대한 관심을 쏟아내고 있었다.

'모여서 공유하는' 과거와 달리 자신의 의견들을 타인들과 '공유하고 나서 모이는' 새로운 양상이 벌어졌다. 그런 의미에서 촛불 주체들은 군집 속의 개체가 아니라 철저한 자율적 개인들이었다. 그 주체들이 쌍방향, 다방향의 웹 2.0을 매개로 자기 조직화의 관계망을 형성하고, 그것이 다시 관계의 자기조직화를 통해 광장으로 펼쳐졌다. 서울산업대 이진경 교수의 말처럼, 그들은 영토를 구획하여 선점하고 독점하는 근대적 인간이 아니라 관계하고 공명하며, 경계를 가로질러 공유하고 나누는 '탈물질적'이고 '탈근대적' 개인들이었다. 사실 이들 '관계하는 개인들'의 출현은 이번이 처음은 아니었다.

1987년 이후 절차적 민주주의의 혜택을 입고 대중소비사회의 풍요 속에서 자라온 이들 탈물질적, 탈근대적 개인들은, 고도화된 정보화 환경 속에서 인터넷 공간과 현실의 광장을 넘나들며 이미 몇 해 전부터 사회적 실체를 드러내고 있었다.

　　2002년 효순·미선양 추모 촛불집회, 월드컵 응원, 그리고 2002년 대선 당시 개혁당과 노사모의 움직임, 탄핵반대집회, 황우석지지 집회, 디워 논란 등 탈근대 개인들의 자기조직화 과정은 급진과 수구를 오가며, 때로는 탈근대의 따뜻한 합리성으로, 때로는 극우적 집단주의로 모습을 변모하면서 계속 진화를 거듭했다. (자기조직화는 늘 합리적이거나 긍정적인 것만은 아니었다. 앞으로도 그럴 것이다. 다만 2008년 봄에서 여름까지의 학습을 통해 그 부정적인 가능성이 상당히 축소한 것은 아닐까.)

　　이들은 대의(代議)에 대한 선천적인 거부감을 갖고 있었다. 거짓 보도와 말 바꾸기를 일삼는 언론도, 어디 하나 믿을 구석이 없는 정당도, 지식인, 전문가들, 그리고 특정 이념으로 굳어버렸거나 무기력한 천편일률적인 기존의 진보운동이나 시민운동단체도 필요치 않았다. 밤을 새워 지속되는 아고라와 인터넷의 토론 과정을 통해 일반 시민들은 기자나 전문가 이상으로 광우병에 대한 지식을 습득하게 되었고, 지식인, 전문가도 참여자들 가운데 하나로 자기의 역할을 할 뿐이었다. (그런 의미에서 촛불 현상은, 일면 직접민주주의적 성격을 띠고 있다고 할 수 있지만, 그 전체를 정치적으로만 환원하는 것은 경계할 필요가 있다. 성찰의 수행적 성격, 축제적 성격의 거대한 문화 흐름으로 파악할 수도 있기 때문이다.)

　　촛불의 주체들은 스스로 기자와 전문가가 되고, 방송과 신문이 되며, 세상을 향해 '자신의 목소리'를 내는 방법을 터득하고 그것을 펼칠 장을 획득하고 있었다. 이들에게는 굳이 대의가 필요하지 않았다. 기존의 대의가 자신의 의사를 끊임없이 왜곡해왔다는 사실을 지난 시간 오랫동안 학습해왔던 것이다. 언론의 말 바꾸기는 인터넷을 통해 쉽게 확인할 수 있었고, '집단지성'으로 불렸던 자기조직화의 관계망 속에서 그들은 어떤 전문가들보다 더 정확하게 진짜 정보를 판별하고, 예리한 상황 분석을 해냈다. 상대적으로 양심적인 언론이나 운동단체들은 촛불 주체들의 자기조직화를 돕는 그저 '당번' 정도의 역할만 충실히 하면 그만이었다. 깃발을 걸고 성명을 발표한 단체들도, 또 행사를 주도했던 대책회의도 자기조직화의 촛불들을 지원하는 보조적 역할 정도를 담당했을 뿐이었다.

(그런 의미에서 촛불의 시간적 경과는, 성찰의 언어와 제각각의 구호들이 점차 단일대오의 구호로 정렬되는 과정, 자기조직화를 기초로 한 네트워크형 다중심 집회가 대책회의 연단을 중심으로 한 일방향 집회로 전환되는 과정으로 파악할 수 있다. 촛불은, 국가와 시장에 기대지 않는 자기조직화의 우정과 환대의 공동체, 네트워크가 광장을 통해 어떻게 사회를 바꾸는 전환의 에너지가 될 수 있을까라는 숙제를 우리에게 남기고 있다.)

인터넷 속의 자율적 개인들, 그 개인들의 관계, 그 관계들의 자기조직화는 거미줄처럼 엮여갔다. 온라인의 웅성거림은 오프라인 행동으로 이어졌다. 학교자율화 조치가 발표되자 4월 19일 오후 인터넷에서 웅성거리던 사람들이 거리로 나와 촛불을 밝혔다. '0교시·야자보충·우열반 학교 자유화 반대 청소년 연대' 소속 청소년과 학부모 등 150여 명이 광화문 세종문화회관 앞에서 교육정책 반대 퍼포먼스를 벌이고, 정부 정책의 문제점을 사람들에게 알렸다. 대선 후 개설되어 이명박 대통령 반대 소규모 촛불집회를 주도하고 있던 다음 카페 '이명박 탄핵을 위한 범국민운동본부'를 시작으로 5월 2일 시청 앞에서 모이자는 제안이 나오고, 이 제안은 아고라로, 인터넷 카페로, 블로그로, 문자메시지로 대한민국의 온라인 통신망을 온통 점령해버렸다. 4월 29일에는 주로 엄마들로 구성된 '학교급식법 개정과 조례제정을 위한 국민운동본부' 소속 회원들이 기자회견을 열었고, 아이쿱(icoop) 생협 주부들은 기자회견과 함께 '엄마가 뿔났다' 행사를 개최했다.

생명의 위기에 대한 본능적 감수성을 가진 주변인들을 필두로 인터넷을 통한 자기조직화의 관계망은 이명박 정부에 대한 분노와 광우병에 대한 공포를 품고서 서서히 광장으로 걸어 나왔다.

5월 2일은 이렇게 준비되고 있었다.

윤형근

지난 봄에서 여름, 자주는 아니지만 광장에 나갔다. 어린 중고생들부터 어르신들까지 처음 보는 사람과도 서먹함 없이 먹을 것, 마실 것, 촛불 꽂힌 종이컵과 자신의 생각을 나누던 서울광장 혹은 청계광장에서 구호도 외치고, 동료들과 술잔을 기울였다. 촛불은 나에게 우정과 환대의 공동체에 대한 설익은 경험 같은 것이었다. 현재는 모심과 살림 연구소 부소장, 사단법인 한살림 상무로 일하고 있다.

2

파도

작은 촛불, 거대한 경이

_송경재

5월 2일 ~ 5월 28일

5월 2일 오후 6시, 한낮의 햇볕이 아직 청계광장에 내리쬐고 있었다. 그때 하나둘씩 교복을 입은 10대 청소년들이 풍선과 손 팻말을 들고 광장으로 모였다. 하나둘 모이는 수가 예사롭지 않았다. 이렇게 청계광장에서 촛불의 축제, 촛불의 시민운동이 시작됐다. 당시 청계광장에 모인 10대 청소년들과 관련 단체들은 이 사건이 사회적으로 얼마나 큰 파장을 불러올지 예상하지 못했다. 4·15 학교자율화 조치에 분노하던 10대 청소년들은 미국산 쇠

2008. 5. 2, PM 7:57, 청계광장, 김진수

고기 수입협상이 타결되면서 더 이상 책상에 머무르지 않았다. 인터넷에서 확산된 여론이 오프라인으로 현실화된 것이다.

촛불소녀들, 온·오프를 달구다

초기 촛불집회를 주도했던 집단은 단연 10대였다. 이들은 이후 촛불을 상징하는 아이콘이 되었다. 집회에 모인 시민 가운데 교복 차림의 중고생이 절반을 넘어섰고 이들의 자유분방한 의견이 광장을 울렸다. 첫날 집회에 참석한 중3 이 모 학생은 "이명박 대통령이 우리를 다 죽이려고 한다" "우열반, 0교시로 우리를 말려 죽이려고 하고, 광우병 쇠고기를 먹여 죽이려고 한다"며 광장에 나선 이유를 밝혔다(〈오마이뉴스〉 2008. 5. 2). 이들 10대가 주도한 집회 문화는 기존 시위와는 차별된, 질서 있고 자율적인 새로운 차원의 시민참여정치의 풍경을 연출했다. 이들은 자신의 의사를 표현하는 우스꽝스러운 캐릭터를 만들기도 하고, 광우병 소를 상징하는 인형을 가지고 오거나, 정부를 풍자한 노래를 부르면서 재기발랄한 집회 문화를 이끌었다.

10대와 함께 2일 집회를 이끈 또 다른 자발적 집단은 네티즌들이었다. 그들은 촛불을 들고 질서정연하게 광장에 모여 스스로 품고 있는 문제의식을 자유발언대에서 토론했다. 네티즌들의 예상치 못한 참여는 이날 처음 시작된 집회가 민주주의 토론 광장으로 승화되는 계기가 되었다. 온라인, 오프라인 양쪽 곳곳에서 이들의 활동은 발견된다. 〈오마이뉴스〉는 자체 홈페이지에 2일 밤 7시부터 10시까지 3시간여에 걸쳐 촛불문화제를 동영상으로 생중계했는데 여기에 달린 댓글만 3만여 개에 육박할 정도로 네티즌들의 관심은 뜨거웠다. 그리고 이 시기를 전후해서 포털사이트 다음의 아고라에서 진행되고 있는 '이명박 대통령 탄핵 청원'에 참여한 인원이 100만 명을 넘겼다.

3일과 4일에 이어진 촛불문화제에서도 촛불소녀들은 집회 분위기를 압도했다. 10대 여학생들은 교복을 입고 거리낌 없이 집회에 나와 그 장면을 사진으로 찍어서 친구들과 돌려보았다. 집회 현장에서 만난 한 여고생은 "집회에 참석해서 사진을 찍고, 친구 싸이에 올리

2008. 5. 6, PM 7:38, 청계광장, 박승화

고 이야기한다"며 청소년 사이버 문화의 편린을 소개했다. 일산에 산다는 고3 여고생 서 모 양도 "머리털 나고 처음으로 나라 걱정으로 잠을 못 자고 있다"며 "수능도 얼마 안 남았는데 이명박 정부로 인한 나라 걱정 때문에 공부가 안 된다"고 말했다(《오마이뉴스》 2008. 5. 3). 일 반 시민들도 직접 광장으로 나오기 시작한다. 시민들은 문화제에서 쇠고기 협상의 문제점 과 교육정책, 대운하에 대해 이야기꽃을 피웠다. '경제 발전 시키라고 던진 표가 미친 소로 돌아왔다'라는 문구 등이 적힌 피켓이 등장했다. 40대 주부 박 모 씨는 "우리의 '식생활 주권' 을 되찾기 위해 연휴 나들이를 취소하고 집회에 참가했다"고 말했다(《경향신문》 2008. 5. 4).

청소년들은 문화제가 끝나자 앉았던 자리를 청소하고 주변을 정리한 후에 귀가하는 등 성숙한 시민의식을 보여주었다. 이처럼 촛불집회는 특정 지휘부가 주도한 것이 아니라 자 발적인 10대 청소년과 네티즌이 주가 되어 한국사회의 미래를 걱정하는 공론의 장으로 진 화한다.

정보네트워크를 통해 식견 있는 시민들이 되어가다

촛불집회가 갑자기 폭발한 것은 의외였지만 사실 인터넷에서의 토론과 논의과정을 보 면 어느 정도 예견된 측면도 있다. 일반적으로 웹 시민운동은 이슈를 바탕으로 제기된다. 대표적인 예가 2002년 효순·미선양 사건, 2004년의 탄핵반대운동과 국민연금사건, 2005년 서귀포 부실 도시락과 군산 건빵 도시락 사건 등이다. 이 사건들은 모두 인터넷에서 시작 된 단일 이슈 운동(single issue movement)의 성격을 가졌다. 브루스 빔버에 의하면 특정 이슈 에 대한 관심을 공유하고 이해 관계가 있는 이들이 모여 현안집단(issue group)으로 발전하고 사회운동에 뛰어들게 된다. 2008년 촛불집회도 역시 현안집단이 주도하는 정보네트워크 (information network)의 구축에서 시작되었다.

5월 초에 전개된, 다음 아고라를 대표하는 사이버 커뮤니티의 토론과정은 시민들이 인 터넷과 오프라인에서 자발적으로 의사가 결집되는 집단지성의 과정을 보인다. 그리고 이 런 집단지성은 인터넷에서 하나의 정보네트워크로 구축된다. 정보네트워크는 인터넷의 특성을 십분 발휘하여 며칠 사이에 정보를 확산하고(e-informing)하고 연계하면서(e-connecting) 집단의 지성을 구축한다. 또 이러한 과정은 소수의 리더가 주도하는 방식이 아닌 탈집중과 탈권위적인 수평적이고 자발적이며 다원화된 모습을 보인다.

5월 초에 인터넷을 타고 확산된 정보네트워크의 진화를 확인할 수 있는 중요한 공간은 인터넷 토론방이었다. 촛불집회 관련 게시판과 토론방, 특히 다음의 아고라는 정보 교류의 중요한 사이버 공론장이 되었다. 〈미디어 오늘〉(2008년 6월 4일자)의 조사에 따르면, 5월 3일부터 6월 2일까지 광우병 관련 인터넷 이슈 발원지를 분석한 결과 1위는 다음 아고라, 2위가 민노당 게시판, 3위 네이버 토론방, 4위 디시인사이드 게시판 순이었다. 이처럼 현안 집단으로 등장한 네티즌과 시민들은 정보네트워크의 법칙에 따라 유용한 정보를 조사하고 선별하며, 선별된 정보는 집단의 지성에 의해 다시 검증되고 유통되는 과정을 반복하게 된다. 거기에 RSS나 트랙백 같은 웹 2.0 방식의 네트워킹은 정보네트워크가 확산되는 데 큰 기여를 했다.

이런 정보네트워크의 생성과 확산 증거는 해당 인터넷 토론페이지의 방문자 수 추이에서도 확인된다. 쇠고기 문제가 불거지기 전인 4월 첫 주, 다음 아고라의 주간 페이지 뷰는 8,113만 수준이었지만 5월 첫 주에는 186,994,139뷰로 증가했다. 한 달 만에 1억 뷰가 늘어난 것이다. 이 시기 특히 청소년들의 관심이 두드러진다. 평소 아고라의 평균 방문자 중 10대는 10만 명 내외였다. 하지만 쇠고기 협상과 교육이 이슈화되자 순식간에 방문자 수도 급등한다. 3월에는 10만 명을 가까스로 넘었지만, 4월에 141,404명, 5월에는 279,559명으로 증가한다. 단순히 4월, 5월만 대비해도 한 달 동안 10대 방문자 수가 2배 증가한 것이다.

이렇듯 정보네트워크를 통해 네티즌들과 시민들은 정보를 습득하고 현명해지며, 이러한 식견 있는 시민(informed citizen)에 의해 다시 정보네트워크는 더욱 강화되어갔다.

저항과 유희가 어우러진 새로운 광장 문화

5월 2일부터 시작된 촛불의 열기는 시민단체에도 큰 자극이 되었다. 자발적인 청소년과

2008. 5. 15. PM 2:42, 광화문 세종로 공원, 김명진

네티즌이 주도한 집회를 느슨한 형태로나마 조직화하는 움직임이 발 빠르게 진행된다. 그 결과 5월 6일, 1,700여 개 시민사회단체와 인터넷 커뮤니티들이 '광우병 위험 미국산 쇠고 기 전면 수입을 반대하는 국민대책회의'(이하 대책회의)를 결성하고, 협상 무효화 및 재협상, 협상 경과 규명 및 책임자 파면, 이명박 책임 인정과 공개사과, 광우병예방특별법 제정 등 4 대 요구사항을 결의한다.

이때부터 촛불은 서울에서 전국으로 확산되며 대구와 부산, 광주, 대구 등지에서도 촛 불집회가 시작된다. 이에 놀란 정부는 5월 6일 한승수 국무총리 명의의 담화를 통해 "상황 이 발생하면 쇠고기 협정을 개정 요구하겠다"고 발표하지만 오히려 예방적 조치가 아닌 사 후 약방문이라는 여론의 비판을 받게 된다.

5월 9일에 열린 수도권 집중 촛불문화제는 청소년, 네티즌과 함께 더 많은 일반 시민들 이 참석하는 축제가 된다. 삼삼오오 손잡은 가족들, 직장 동료, 노동자, 학교 동문, 아파트 주민 모임, 데이트족들까지 가세할 정도로 시민들의 참여 형태가 대중화되었다. 촛불을 든 학생, 시민들은 4만여 명(주최측 추산)으로 불어났고 행인들도 이제는 촛불집회를 자연스러 운 시민운동으로 인식하기 시작했다.

당시 집회에서는 70대 할아버지에서 10대 청소년까지 스스럼없이 자유발언대에 올랐 다. 70대 조 모 할아버지는 "여러분들에게 부끄러워서 이 자리에 올라왔다"면서 "여러분 너 무 아름답다. 우리 함께 올바른 정부를 만들어 나가자"고 주장했다. 20대 여학생도 "20대 가 지난 총선에서 투표를 하지 않아서 이러한 결과를 초래한 것 같다"며 "책임을 지기 위해 토익 책도 덮고 학원도 빠지고 이렇게 모였다"고 말했다.

이에 반해 서울시 교육청은 이날 촛불문화제에 참가한 학생들의 안전지도를 명목으로 장학사와 교사 860명을 동원해 행사장 주변에 배치한다고 발표해 시민들의 빈축을 사기도 했다.

9일 촛불집회는 유희와 저항이 한데 어울린 평화적인 광장 문화의 전형을 보여주었다. 한 시민은 "9일 촛불문화제는 남녀노소가 참여해 다채로운 자기 세대의 문화를 연출하면 서 함께 어우러졌다는 측면에서 봤을 때 효순·미선양 사건 때의 촛불과 닮았다. 게다가 광

2008. 5. 7. AM 10:55, 여의도 국회의사당 앞, 김종수

우병에 대한 분노가 광장에서 표출되면서 기쁨의 장으로 변한 점도 그렇다"고 평가했다(《오마이뉴스》 2008. 5. 9).

10일에는 가족 단위의 참여가 증가한다. 토요일이기 때문이었을까. 부천과 안산 등 수도권에서 집회에 참석한 가족들이 많았다. 신대방동에서 온 박 모 씨는 "9살, 4살 난 두 아들과 함께 촛불집회에 참석했다"고 밝히며 "오늘 처음 나왔다. 인터넷을 계속 보니까 도저히 집에만 있을 수 없었다"고 이야기했다. 박 씨는 "요즘 초등학교 2학년인 아들에게 가급적 쇠고기를 먹지 말라고 당부하지만, 아들이 잘 안 믿는 것 같아서 직접 보여주고 싶었다"고 밝혔다(《오마이뉴스》 2008. 5. 10).

온라인에서도 응원과 격려운동이 전개되었다. 기발하고 번뜩이는 패러디가 인기를 끌

우리집은 **광우병** 쇠고기 **수입**에 **반대**합니다!

MADE IN USA

없는가 하면, 촛불소녀의 뒤를 이어 촛불 예비역, 촛불 데이트족 등의 용어가 등장하면서 재치와 유희의 광장 문화를 격려했다.

　　당시 논란이 되었던 것은 어청수 경찰청장의 인터넷 괴담 유포자 수사 방침 발표였다. 5월 13일, 경찰이 촛불집회의 불법성을 지적하면서 주최자를 수사하겠다고 밝히자, 놀랍게도 네티즌들은 사이버 경찰청 홈페이지에 자발적으로 본인이 배후라고 자수 운동을 벌인다. 시민으로서의 권리를 행사한 것인데 그것이 무슨 죄냐는 논리였다. 14일 하루 동안 1천 명 이상 자수하면서 사이버 경찰청 홈페이지는 일시적으로 다운되기도 했다.

　　이 시기부터 문화예술인들의 참여가 눈에 띈다. 인터넷을 통해 정보를 얻었던 문화예술인들이 속속 광우병 쇠고기 문제의 심각성을 인지하고 동참한 것이다. 그러한 경향은 17

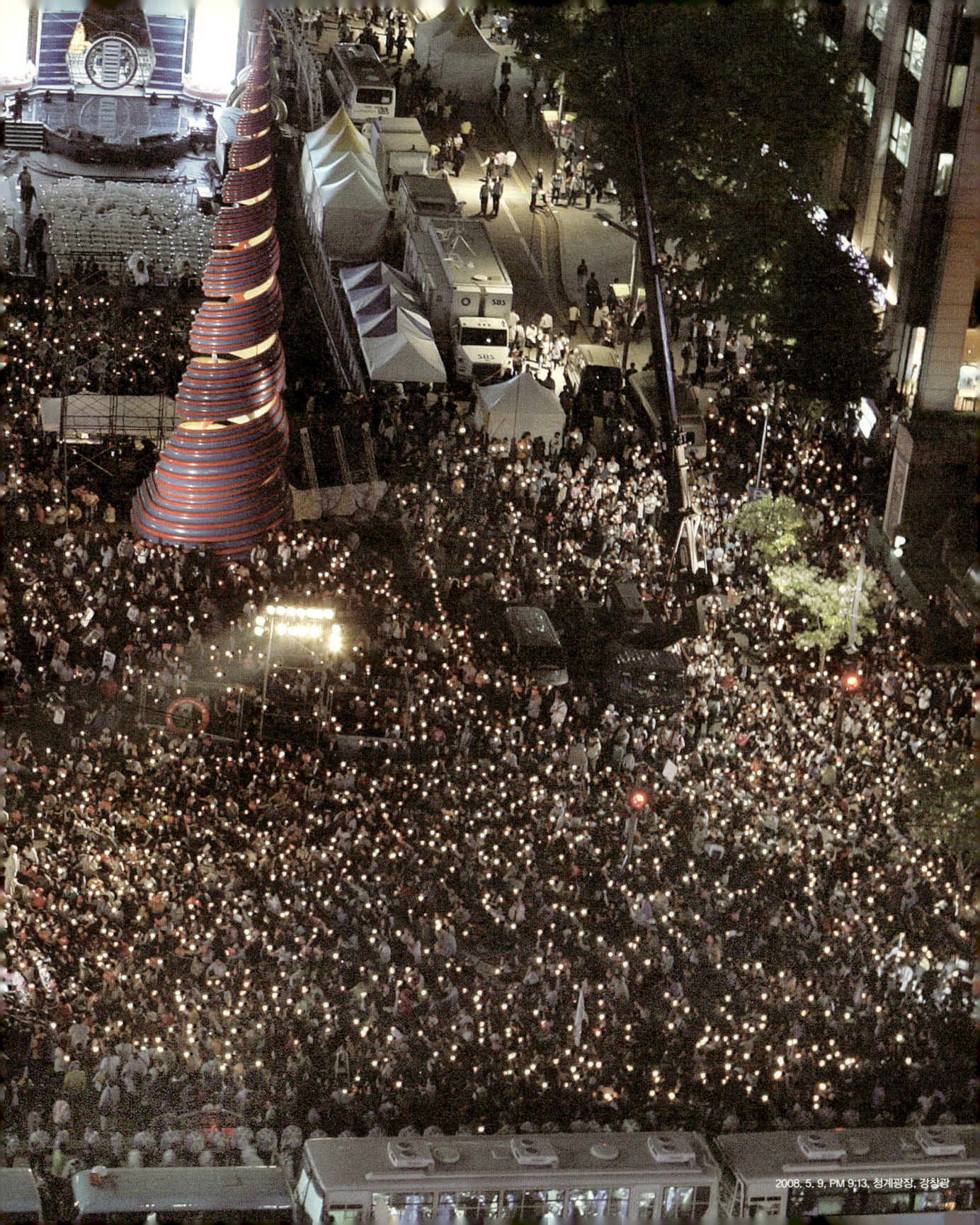

2008. 5. 9. PM 9:13, 청계광장, 강창광

일 촛불문화제에서 표출된다. 문화공연을 중심으로 한 이날 집회에서 가수 윤도현은 "촛불이 너무 아름답다"면서 "기성세대가 10대들은 공부만 해야 하고 나라 걱정하면 안 되는 것처럼 말했는데, 너무 창피하다"고 말했다. 또한 영화배우 문소리, 가수 김장훈을 비롯해 이승환도 합류했다. 이날 촛불문화제는 문화공연 위주였기 때문인지 많은 시민들이 집회의 긴장보다는 광장의 문화를 즐기는 양상으로 전개되었다.

청소년들은 오후 5시부터 덕수궁 앞에서 '5·17 청소년 행동의 날 – 미친소, 미친교육, 청소년이 바꾼다' 행사를 열었다. 자유발언에 나선 학생 김 모 군은 "왜 미국산 쇠고기 검역은 제대로 하지 않으면서, 우리들을 검사하고 있습니까?"라고 주장했다. 그는 "우리 청소년들이 가장 많이 하는 얘기가 '우리는 교과서에서 배운 대로 하고 있어요'라는 말"이라며 "우리는 정의와 민주주의를 말하고 있다"고 목소리를 높였다.

MBC 〈100분 토론〉에서 미국산 쇠고기의 위험성을 알리며 일약 스타가 된 미국 거주 주부 이선영 씨는 국제 전화로 집회에 참석해 이후 전개된 해외동포들의 연대운동의 신호탄이 되었다. 종교인들의 참석도 시작된다. 이름을 밝히기를 꺼린 한 수녀는 "다른 수녀님들과 저녁을 먹다가 미국산 쇠고기 이야기가 나와서 오늘 여기 나왔다"면서 "미국산 쇠고기 수입하는 게 말도 안 되지 않느냐"고 꼬집었다. 또 광우병 쇠고기 협상 문제에 지방의회도 동참하고 나섰다. 전라북도 전주시의회, 제주도의회, 울산시 울주군의회 등에서 쇠고기 협상 백지화 및 재협상 촉구를 결의했다.

이처럼 5월 2일 시작된 촛불집회는 22일까지 15차에 걸쳐서 청계광장을 중심으로 전개된다. 앞에서 언급했듯이 이 과정은 인터넷에서 시작된 정보네트워크가 오프라인으로 표출되고 다시 집회의 내용과 성과가 온라인으로 수렴되어 새로운 네트워크 시민운동으로 전개되는 모습을 보여주었다. 그러나 시민들의 이런 요구에도 불구하고 정부의 방침은 크게 변하지 않았다. 재협상은 수용할 수 없다는 것이 정부의 반응이었다. 오히려 10대 배후 정치 세력설, 음모설, 광우병 괴담 등을 퍼뜨리며 사태의 본질을 훼손했다. 이 와중에 졸속 협상의 내용이 속속들이 밝혀지고, 영어 오역 문제 등이 제기되면서 정부에 대한 신뢰는 땅에 떨어졌다. 5월 22일 이 대통령이 "쇠고기 문제에 대해 송구하다"며 1차 사과를 했지만 국민들의 재협상 요구에 대한 언급은 없었다. 국민들은 다시 한 번 사과보다는 국민의 건강 주권과 검역권을 보장하는 근본적인 대책, 즉 재협상을 요구했다.

5월 2일에 시작된 촛불은 작은 나비에 불과했을지 모른다. 그런데 이제 사태의 결과를 아무도 예측할 수 없는 국면에 진입한 것이다.

송경재

운이 좋게도 2008년 5월 4일 청계광장에서 열린 촛불집회를 보았다. 마침 일이 있어서 그 곁을 지나던 차였는데, 그 촛불집회는 상당한 충격이었다. 그 뒤 여러 차례 집회에 나가면서 웹 2.0 방식으로 네트워크화된 시민운동의 새로운 흐름을 느낄 수 있었다. 10대 청소년 학생들, 사이버 커뮤니티 운영진과의 인터뷰 경험을 통해 내가 알고 있던 하향식 시민운동문화와는 다른 '유희와 삶의 시민운동', 나아가 온라인과 오프라인이 결합된 네트워크 시민운동의 가능성을 발견했다. 현재 경희대 인류사회재건연구원 학술연구교수로 있다.

2008. 5.22, AM 11:03, 광화문 세종로 공원, 김정효

2008. 5.17. PM 9:19, 광주 금남로, 김명진

5월 2일에 시작된 촛불은 작은 나비에 불과했을지 모른다.
그런데 이제 사태의 결과를
아무도 예측할 수 없는 국면에 진입한 것이다.

2008. 5. 6. PM 7:47. 청계광장. 박승화

3

직접

촛불, 거리로 나서다

_한홍구

5월 24일 ~ 5월 28일

5월 24일 토요일의 촛불집회, 그 시작은 여느 날과 크게 다를 바가 없었다. 그러나 끝은 달랐다. 이제 한자리에 앉아서 하는 촛불'집회'는 안녕! 후끈 달아오른 아스팔트를 누비는 촛불'시위'가 시작된 것이다. 그날도 그냥 집회가 끝나는 줄 알았다. 아무도 계획한 것이 아니었지만 누군가가 청와대로 가자고 외쳤다. 사람들은 집으로 향하던 발길을 돌렸다. 그래봤자 고작 한 블록, 청계광장에서 광화문 우체국 앞으로 옮겼을 뿐이다. 한 50미터나 될까? 행진이라고 하기에는 쑥스러운 거리, 역사는 이렇게 시작되었다.

MB의 염장질에 촛불이 거리로 내려오다

많은 사람들은 묻는다, 왜 촛불이 거리로 나섰느냐고. 하지만 현장에 있었던 사람들

2008. 5.27, PM 10:16, 명동역 앞, 박승화

직접
43

은 이 질문을 하지 않는다. 아무도 거리로 나서는 것을 반대하지 않았다. 5월 2일부터 열일곱 번, 그 자리에서 촛불을 밝혔다. 아주 친한 친구 사이에도 열 몇 번을 간절히 이야기하는데도 반응이 없다면 어떻게 해야 할까? 아니, 반응이 없었던 것은 아니다. 이틀 전인 5월 22일, 이명박 대통령은 방송에 나와 머리를 숙이고 사과했다. 그런데 어라? 협상을 잘못했다고 사과한 게 아니었다. 소통이 잘못 됐단다. 이 기자회견을 본 촛불들 사이에 많이 회자된 말은 '염장질'이었다. 국민들은 간절한 마음을 전하기 위해 열일곱 번이나 촛불을 밝혔는데 들은 척도 안 하다가 소통이 잘못 됐단다. 소통이 잘못 됐으면 소통을 하면 된다. 그런데 그 짧은 일본 방문 기간 동안 NHK에 나가 '일본 국민과의 대화'를 했고, 이제 중국으로 날아가 지진 피해를 입은 중국 국민들을 위로하겠다는 대통령이 제 나라 국민과 소통할 생각은 하지 않고 말로만 사과를 한다. 그날 현장에서 진행된 자유발언 중 가장 큰 박수가 터져 나온 순간은 어느 아저씨가 이명박 대통령을 향해 "귓구멍에 공구리(콘크리트)를 쳤냐"고 목소리를 높였을 때였다. 청계광장에서 외치는 우리의 소리가 들리지 않는다면, 청와대로 조금 더 다가가야 하고, 우리가 든 촛불이 보이지 않는다면 어쩔 수 없이 횃불이라도 들어야 하지 않겠는가! 그런 마음이 이심전심으로 전해져 "청와대로 가자!"라는 말에 다 같이 따라나선 것이다.

진짜 청와대로 가고 싶었다. 국민들이 간절히 원하던 것이 이명박 대통령과의 소통이었다. 인수위 시절부터 사람들을 놀래키긴 했지만, 많은 사람들이 자유발언에서 "난 안 찍었어!"라고 대상 없는 분노를 터뜨리긴 했지만, 그래도 이명박은 엄연히 대한민국 대통령이 아닌가! 전두환 시절에도 청년 학생들은, 근처에도 갈 수 없었지만, 가끔 "청와대로 가자!"는 구호를 외쳤다. 왜 청와대로 가냐고? 힘이 없어 실행에 옮기지 못했지만, 전두환을 끌어내리려고 가는 것이고, 처단하러 가자는 것이었다. 5월 24일 시민들이 촛불을 들고 청와대로 가자고 외쳤을 때, 이명박을 끌어내리려, 처단하려 청와대로 가자는 사람은 없었을 것이다. 국민들이 원한 것은 대화였고, 소통이었고, 재협상이었다. 많은 사람들은 자신이 무시당했다고 생각했다. 대한민국은 민주공화국이고, 모든 권력은 국민으로부터 나오고, 대한민국의 주인은 바로 우리 자신, 국민인데 국민들의 소리를 이렇게 무시하다니! 촛불을

2008. 5.24, PM 7:52, 청계광장, 김명진

든 시민들은 그걸 따지러 청와대로 가고 싶어했다.

시민들이 거리로 나서면서 촛불집회의 양상은 변화했다. 2002년에는 효순·미선양 추모 촛불집회가 있었고, 2004년에는 탄핵반대 촛불집회가 열렸다. 2004년 촛불집회 때는 아예 시위가 없었지만, 2002년 촛불집회 때는 두어 번 시위가 있었다. 광화문 네거리에서 미국대사관까지, 그저 한 50미터. 시위라고 하기에는 민망한 거리였지만, 집회를 마치고 '지도부'의 지도 아래 구호를 외치며 미국대사관 앞으로 옮겨갔다. 이 시위는 왜 했던 것일까? 그야말로 그냥 가기 '거시기' 해서 한번 몸을 푼 것뿐이다. 2002년 촛불집회 때에는 대통령선거가 임박해 있었고, 2004년 촛불집회 때는 국회의원선거가 임박해 있었다. 사람들은 시위가 아니라, 임박한 선거에 승부를 걸었다.

5월 24일 시민들은 처음으로 광장에서 거리로 나섰지만, 아무런 준비가 되어 있지 않은 상태였다. 준비가 안 되어 있기는 경찰도 마찬가지였다. 시민들이 거리로 나서자 놀란 경찰은 급히 광화문 우체국과 교보빌딩 사이를 막아섰다. 시민들도 굳이 몸싸움을 해가며 경찰의 저지선을 돌파하려고 하지는 않았다. 경찰도 겨우 한 블록 옮겨온 시민들을 강제해산하려고 하지 않았다. 그냥 집에 가겠거니 했는데 열일곱 번의 촛불집회 동안 퍼져 앉았던 사람들의 궁둥이는 참으로 무거웠다. 2002년, 2004년의 촛불집회하고만 다른 것이 아니었다. 1987년 6월항쟁 때와 비교해보아도 확실히 달랐다. 아직 통행금지에 익숙해져 있던 시절이어서 그런지, 아니면 최루탄과 짱돌이 날고 백골단이 춤추는 전쟁 같은 시위를 치른 탓이었는지 사람들은 대개 10시를 넘기면 집으로 갔다. 그런데 2008년에는 주5일 근무 탓인지, 청년실업 탓인지, 뜨거운 토요일 밤 집으로 가지 않으려는 사람들이 너무나 많았다. 새벽 1시를 넘기고, 3시를 넘기고, 5시를 넘겨도 남은 사람들의 숫자는 크게 줄어들지 않았다. 집에 들어가는 사람들의 자리는 〈아프리카〉 생방송을 보다가 택시를 잡아타고 나온 열혈 남녀들이 메워주었다.

날이 채 밝아오기 전인 새벽 5시경, 종로통을 지나는 차량이 조금씩 늘어갈 무렵, 경찰은 진압을 시작했다. 경찰의 진압 장면은 현장에서 〈아프리카〉 생방송을 통해 그대로 안방으로 전달되었다. 팔이 꺾인 채, 목이 졸린 채, 입이 가로막힌 채 반짝 들려가는 시위대의

2008. 5.26, PM 11:49, 종각 앞, 이종근

물도 팔고 길도 팔
대한민국 팔 가만

촛불소

협상무효
고시철회

연
석방

구피발 종로2가 복정역
강남역

2008. 5.27, PM 10:35, 퇴계로, 박승화

어둠은
빛을
이길 수 없습니다

모습을 보며 6월항쟁을 겪지 못한 세대들은 '아, 이게 5공화국이구나!' 하고 분노했다. 솔직히 5공 시절과 비교한다면, '매우 얌전'한 시위 해산이었다. 그러나 시민들은 5공 시절의 시민들이 아니라, 이미 21세기의 시민들이었다. 이 강제해산의 장면은 〈아프리카〉 등 생방송을 통해, 그리고 인터넷 뉴스를 통해 널리 퍼져나갔다. 그날 밤부터 시위대의 숫자는 두 배, 세 배로 늘어났다.

"운동권보다 무서운 놈들이 나타났다!"

5월 25일에도 청계광장에서 촛불집회가 열렸지만, 집회 시간은 아주 짧아졌다. 처음부터 사람들은 촛불'집회'가 아니라 촛불'시위'를 하러 나왔다. 촛불집회로 치면 열여덟 번째, 시위로 치면 두 번째였다. 형식도 틀도 각본도 없는 우왕좌왕형 데모의 극치였다. 경찰도 매우 다급해졌다. 아마 경찰도 이런 시위대는 처음 봤을 것이다. 운동권 지도부가 이끄는 시위란, 경찰 입장에서도 뻔한 코스를 가기 마련이다. 대충 정해진 방식대로 밀고 당기고 몇 번 힘을 쓰다가 적당한 선에서 마무리하는 게 지난 몇 년간 하나의 패턴으로 정착되어온 운동권의 시위였다. 그런데 이 가열차지도 치열하지도 않은 촛불시위대는 정해진 틀을 완전 무시했다. 경찰도 시위대도 어디로 가야 할지 몰랐다. 아니, 시위대에게는 경찰이 막지 않은 곳이 목표였다. 현장의 분위기는 그야말로 〈되고 송〉 분위기였다. 경찰이 종로를 막으면 청계천으로 가면 되고, 청계천을 막으면 을지로로 가면 되고, 을지로를 막으면 퇴계로로 가면 되고, 퇴계로를 막으면 서울역으로 돌아가면 되고……. 공격목표를 정하고 그 목표

2008. 5.25, AM 4:56, 광화문우체국 앞, 김명진

를 점령하거나 돌파해야만 다음 단계로 나가는 경직된 방식은 찾아볼 수 없었다. 시위를 막던 경찰 간부가 탄식했다고 한다. "운동권보다 무서운 놈들이 나타났다!"

다음날은 월요일이었지만, 사람들은 집에 가려고 하지 않았다. 이날의 시위는 좀 이상한 방식으로 해산되었다. 누군가가 "신촌으로 가자!"고 외쳤고, 신촌에 가면 연세대학교에 2천 명쯤 되는 대오가 있다는 소문도 돌았다. 그러나 헛소문이었다. 경찰은 신촌에서 강경하게 진압작전을 폈고, 시민 30여 명이 경찰에 연행되었다. 집에 돌아간 시민들은 전주에서 이병렬 씨가 분신했다는 우울한 소식에 가슴 졸었다.

5월 26일 월요일에도 역시 촛불집회가 열렸다. 저녁 8시경, 촛불집회가 시작될 무렵에 보니 생각보다 사람이 많지 않았다. 그런데 밤 10시가 넘어 시위가 본격화되자 어디 숨어 있었는지 사람들의 숫자는 크게 불어났다. 시위대가 사람을 모은 탓도 있지만, 사람들이 처음부터 시위가 깊은 밤까지 이어지리라고 생각하고 느지막이 나온 것이다. 전날인 25일 저녁마냥 '이리저리 가면 되고'의 분위기로 흩어졌던 시위대는 자연스럽게 종로 2가 종각 앞으로 결집했다. 종각 앞을 가득 메운 대열. 꼭 제야의 종을 치는 12월 31일 같았다.

첫날, 둘째날 아무 준비 없이 시위한 것을 지나치게 '반성'한 탓인지, 운동집단들이 나름 '철저'한 준비를 하고 나와 시위대를 이끌려는 모습이 눈에 띄기 시작했다. 사람들은 마음에 드는 구호는 기꺼이 따라 외쳤지만, 좀 생뚱맞은 구호가 나오면 밤새 사용해야 할 목청을 쉬었다. 저들이 좋아하는 시장에서의 경쟁은 시위와 구호의 세계에서도 이루어지고 있었다. 누가 의도적으로 시위를 이끌거나 주도할 수 있는 상황이 아니었다. 전날 청계천으로 가자, 을지로로 가자고 하며 시민들이 현장에서 논쟁을 벌였던 것처럼, 구호를 선창하는 사람이 어떤 구호를 선창해도 시민들은 스스로 판단하면서 구호를 따라 외치기도 하고 흘려보내기도 했다. 새벽 1시쯤이나 되었을까? 구호를 외치던 어느 운동단체 성원이 "자, 이제 집회를 마무리하고 내일의 투쟁을 위해 집으로 돌아갑시다!"라고 이야기했다가 주위 사람들에게 곤욕을 치르는 모습이 목격되었다. 이렇게 많은 사람들이 다들 〈친절한 금자 씨〉를 봤던 것일까? 사람들의 표정은 다 "너나 잘 가세요!"를 외치고 있었다.

이 많은 사람들이 도대체 어디서 나온 것일까? 이 많은 사람들이 도대체 왜 집에 가지 않는 것일까? 누가 시켜서 나온 사람들이 아니었다. 제 발로 나온 수많은 사람들, 나온 이유도 제각각이었다. 사람이 적으니까 경찰이 함부로 진압을 한다며 나온 사람들은 처음부터 밤샐 각오를 하고 나왔다. 또 많은 사람들은 그저 재미있어서 집회에 참가했다. 솔직히 어디 가서 이렇게 많은 사람들이 이렇게 흥겹게 시간을 보낼 수 있을까? 못난 놈들은 얼굴만 봐도 반가운 법인데, 지난 몇 달간 마음 상하는 일밖에 없지 않았던가? 나와 같은 생각, 나와 같은 마음, 그리고 나와 같은 작은 행동을 하려는 사람들이 이렇게 많다니! 보기만 해도 즐거운데, 또 왜 그렇게 말은 잘하는가! 입만 열면 신자유주의 찾고, 자본주의 찾고, 구조적 위기를 찾는, 판에 박힌 운동권의 이야기하고는 너무나 달랐다. 그 펄펄 뛰는 생생함을 놓칠 수 없었다. 그런데 아이는 어디에 맡기지? 젊은 엄마들의 가장 큰 고민이었다. 다행히 6월항쟁 때와는 달리 경찰은 최루탄을 쏘지 않았다. 아니, 쏠 수 없었다. 내 아이에게 광우병 위험이 있는 쇠고기를 먹일 수 없어 아이들과 함께 나온 엄마들을 향해 최루탄을 쏘다니! 상상할 수 없는 일이었다. 지지리 못난 민주화도 민주화는 민주화였다. 안전하기 때문에 많은 사람들이 마음 놓고 참여했고, 많은 사람들이 참여했기 때문에 집회는 더 안전해졌다. 데모를 하러 나온 건지, 애들 데리고 마실 나온 건지 모르게 촛불시위는 유쾌, 상쾌, 통쾌와 발랄함이 넘치는 공간이 되었다. (물론, 이는 우리 편만의 이야기이다. 세종로 1번지의 이 모 씨 입장에서야 이게 다 내 지지자였으면 얼마나 좋았을까 하는 생각을 떨칠 수 없었을 것이다.) 이렇게 제 발로 나온 사람들은 누가 시켜서 나온 것이 아니니, 누가 시켜서 집에 들어갈 사람들도 아니었다. 정부가 재협상 약속과 같은 성의 표시를 하지 않으니, 그냥 집에 들어갈 수도 없었다.

이제 간단한 촛불집회에 이어 거리행진을 하고 일부 시민들이 새벽까지 남아 밤샘시위를 하는 것이 하나의 패턴으로 굳어져갔다. 어느 순간엔가 시민들이 저마다 깃발을 들고 시위에 나왔다. 처음에 시민들은 깃발에 대해 거부감을 가졌다. 자신들의 '순수한' 집회가 깃발을 높이 든 운동권에 의해 '오염'될까 두려웠던 모양이다. 한동안 깃발을 내리라는 목소리가 높았지만, 며칠이 지나자 그런 목소리는 사라지고 기존의 운동권 집회에서는 볼 수 없었던 새로운 깃발들이 나오기 시작했다. '아고라'며 '소울드레서'며 '레몬테라스', '마이클

2008. 5.27. PM 9:02. 청계광장, 박승화

럽', '엽혹진' 등 완전히 계보가 다른 깃발들이 광장을 메웠다.

계보가 다른 깃발들, 아스팔트 위에 넘치던 풍자와 기지

처음 촛불집회가 시작됐을 때에는 청소년들, 특히 촛불소녀들이 중심이었다면 이제 촛불시위는 그야말로 각계각층의 사람들로 이루어졌다. "우리들은 이명박을 뽑지 않았다"라는 10대들의 항변에 이명박을 뽑은 기성세대가 뒤늦게 광장으로 나온 것이다. 이들의 심경을 대변하는 용어가 '지못미' 콤플렉스였다. '지켜주지 못해서 미안해.' 기성세대가 이런 미안한 마음과 책임감을 갖는 것은 당연한 일이라 할 수 있다. 그런데 이런 마음이 지나쳐 뒤늦게 나와서 굳이 지켜주겠다는 이들이 있어 불편한 광경이 연출되기도 했다. 그런 상징이 예비군들의 출현이었다. 우리에게 '군복들의 시위'란 그저 6월 25일 성조기나 흔드는 노병들의 모습만 연상시켜 주었는데, 이제 젊은 예비군들이 국가주의의 상징인 군복을 입은 채 정부의 정책에 항의하는 모습을 보게 된 것이다. 많은 시민들은 예비군들의 출현에 박수를 보냈다. 그런데 예비군들이 대오를 갖추고 조금은 군대식으로 질서를 잡으려 하자 한편에서는 "누가 지켜달라고 했는가"라는 비판의 목소리가 나오기도 했다.

평화로운 시위는 다시 사람들을 불러 모았다. 특히 과거 험했던 시기에 집회나 시위를 했던 사람들에게 평화롭게 아스팔트 길 위에서 유모차를 끌고 걷는 광경은 눈물겹도록 감동스러운 것이었다. 무슨 일이 벌어지는지도 모른 채 죽어라고 뛰어야 했던 그 시절 '가투(가두투쟁)'란 늘 공포와 두려움, 긴장과 불안의 연속이었다. 자욱한 페퍼포그와 지랄탄이 날고 백골단이 함성을 지르며 덮쳐왔다. 학생들도 그에 맞서 짱돌을 던지고 화염병을 날리고 쇠파이프를 휘둘렀다. 그 길을 어제 평화롭게 걸었고, 오늘 또 평화롭게 걷고, 그리고 내일도 걸을 것이라니!

경찰은 25일 새벽부터 촛불집회 참가자들을 연행했는데, 곧이어 인터넷에는 '닭장투어' 무료관광 안내가 등장했다. 5월 28일 새벽 1시쯤, 서울시청 앞에서 경찰이 시민들을 강제로 연행하려 하자, 주변에 있던 시민들이 함께 "나도 타주마"라며 기꺼이 닭장차에 올랐다. 지난 5월 14일 경찰이 광우병 괴담 유포자를 사법처리하겠다는 방침을 밝히자 경찰청 홈페이지에 사람들이 "내가 바로 괴담 유포자다"라며 벌떼처럼 자수하는 움직임이 있었는데, 온라인상에서 먼저 나타났던 이 저항운동이 오프라인 공간으로 옮겨온 것이다.

이미 어린 여학생들이 촛불집회 초기에 '미친 소, 너나 먹어'라는 구호를 들고 나왔을 때부터 권력은 공포가 아닌 풍자와 조롱과 야유의 대상이었다. 어린 학생들은 대통령을 '쥐박이'라고 불렀다. 인터넷은 풍자가 풍자를 낳는 공간이었다. 서로의 상상력이 상승작용을 일으키며 새로운 풍자를 끊임없이 낳았다. 촛불집회 현장에는 그 풍자를 실연하는 사람들이 나와 인기를 끌었다. 망가진 마우스를 질질 끌고 다니는 아가씨, 무료로 쥐덫을 나눠주는 아저씨…… 수구세력이 모이는 인터넷 공간이나 집회에서는 꿈도 꿀 수 없는 발랄하고 유쾌한 광경이 도처에서 벌어졌다. 사람들은 분노해서 집회를 시작했지만, 즐겁게 집회를 이어나갔다.

평범한 시민들이 '운동권보다 더 무서운 놈들'로 변하여 거리로 나서자 이명박 정권은 시민들이 불법폭력시위를 일삼고 있다며 경찰의 강경진압을 정당화하려 했다. 조중동 등 수구언론도 불법폭력시위를 엄벌에 처하라고 목소리를 높였다. 촛불시위는 현재의 집시법상 불법일 수는 있으나, 절대로 폭력시위는 아니었다. 정부는 촛불시위가 불법이고 폭력적이라고 외치지만, 유모차와 어린이가 넘쳐나는 촛불시위의 현장에는 짱돌도 화염병도 쇠파이프도 찾아볼 수 없었다. 시위참가자들은 "우리도 연행하라"는 플랫카드나 손 팻말을 들고 나왔다. 권력이 힘을 잃고, 시민들은 겁을 잃은 상황에서도 정부는 5월 29일 미국산 쇠고기 수입위생조건을 고시할 것임을 밝혔다. 국민에 대한 선전포고가 예정된 가운데, 거리 시위가 시작된 이후 첫 번째 주말을 앞두고 촛불시위는 새로운 단계로 접어들고 있었다.

한홍구

처음에는 미안하기도 하고 궁금해서, 나중에는 신기하기도 하고 재미있어서 거의 매일 촛불집회에 나갔다. 집에 돌아간 뒤에 더 재미있는 일 생길까 봐 늦게까지 자리를 지켰다. 평소에 평화교육, 민주시민교육을 통 크게 해보는 게 소원이었는데, 2MB덕에 감동적인 '국민MT'를 한 뒤 그 감격 오래 간직하느라 학생, 학부모, 동네 주민과 함께 서대문경찰서에서 하룻밤을 지냈다. 역사를 두려워하지 않는 대통령이 군림하는 나라에서 근현대사를 공부한 죄로 여기저기 쫓아다니며 임시정부와 제헌헌법의 주요 내용을 외치고 있다. 국가보안법 없는 세상, 전투경찰 없는 세상을 꿈꾸고, 어디 존경할 만한 보수 한 분 없을까 두리번거리고 있다. 성공회대 교수와 평화박물관 건립추진위원회 상임이사로 있으면서 평화운동을 한다고 하지만, 자꾸 과격해지는 심성을 다스리기 버거워하면서 "미운 놈 미워하며 살아야 한다"고 믿고 있다.

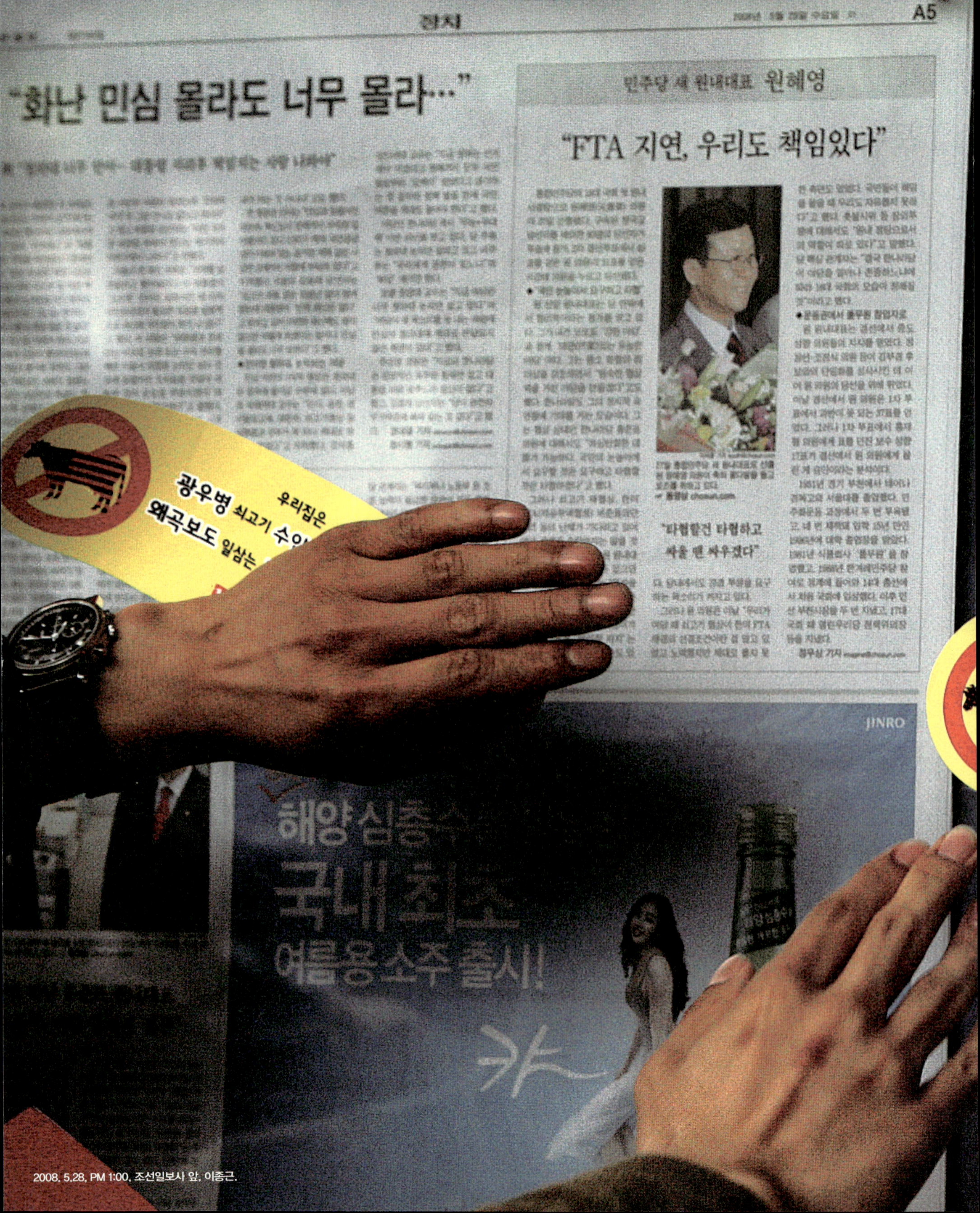

"화난 민심 몰라도 너무 몰라…"

민주당 새 원내대표 원혜영

"FTA 지연, 우리도 책임있다"

"타협할건 타협하고 싸울 땐 싸우겠다"

광우병 쇠고기 수입
우리집은
왜곡보도 일삼는

JINRO

해양 심층수
국내 최초
여름용 소주 출시!

'2차포장' 쓰레기 쌓는 한국　　[3·끝] 英 대형 유통업체 테스코의 '포장 혁명'

묶음판매 아예 없고 1차포장도 "더 얇게 더 작게"

런던에서 북쪽으로 25㎞ 떨어진 소도시 보어험우드에 자리잡은 테스코의 대형 할인점 '테스코 엑스트라 보어험우드' 매장에서 한 고객이 세재를 고르고 있다. 2차 포장재를 사용한 프로모션패키지는 찾아볼 수 없고 제품 앞에는 발바닥 모양의 로고와 함께 '이 제품을 사용하면 CO₂(이산화탄소)을 얼마나 줄인다'는 설명이 붙어 있다.

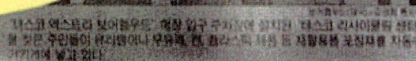

'테스코 엑스트라 보어험우드' 현장 입구 주차장에 설치된 '테스코 리사이클링 센터'. 알루미늄캔·유리병이나 우유팩·캔·유리·천 등 재활용품 포장재를 자동수거하는 장치가 있다.

2차 포장재

대형마트나 슈퍼마켓에서 대개는 제품의 개별포장(1차포장)을 감싸는 포장재의 총칭. 프로모션패키지의 경우 여러개의 제품을 묶거나 쿠폰을 더해 기획제품 포장하는데 쓴다. 고급 화장품이나 의류에 다양한 바람을 사용하기 때문에 2차 포장재는 비용이 많이 들고 재활용도 어렵다.

월마트

2025년 목표

보어험우드(영국)=강경희 특파원
khkang@chosun.com

2008. 5.26. AM 1:21, 신촌 오거리, 박종식

2008. 5.28. PM 10:24, 파이낸셜빌딩 앞, 박승화.

4

폭발

슬픔의 촛불이 분노의 촛불로

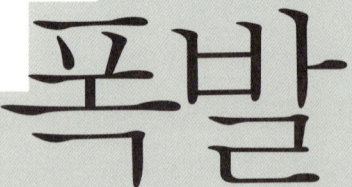

5월 29일~6월 1일

_박영선

정부는 기껏 보름 남짓 장관 고시를 연기했을 뿐이었다. 5월 29일 4시, 정부는 그동안 미뤄왔던 미국산 쇠고기 수입위생조건 개정안에 대한 농림수산식품부 장관 고시를 발표했다. 애초 15일로 예정되었던 고시 발표가 연기됐던 터라 시민들은 한 가닥 실낱 같은 기대를 버리지 않고 있었다. 일주일 전, 이명박 대통령이 '국민께 드리는 말씀'이란 대국민 담화를 통해 "국민 여러분께 송구스럽게 생각한다"며 사과했다. 비록 그날의 담화문은 사람

2008. 5.29. PM 7:57, 서울광장, 이종근

2008. 5.29, PM 11:18, 서울광장, 박승화

어둠은
빛을
이길 수 없습니다
64

들에게 더 많은 분노와 실망감을 안겨주었지만, 사람들은 정부가 예전처럼 막무가내로 밀어붙이지는 못할 거란 희망을 마음 한구석에 품고 있었다.

장관 고시 강행, 슬픔이 분노로

그러나 장관 고시는 강행되었다. 고시를 강행하며 농림수산식품부는 행정절차법에 의하여 4월 22일부터 5월 13일까지 입안 예고한 결과 총 337건의 의견이 접수되었고, 제출된 의견들은 "국제기준과 과학적 근거를 바탕으로 심도 있는 검토를 하였다"고 밝혔다. "타당성이 있다고 판단된 일부 의견에 대해서 한미 간에 추가 협의를 거쳐 수입위생조건 부칙에 보완, 반영하였다"고도 했다. 제출된 의견 중 가장 열망이 높았던 '미국산 쇠고기 수입반대'나 '검역 주권 포기, 국민의 건강권·행복추구권의 본질적 제약, 유효한 검역 수단 포기 내용이 포함돼 위임 범위를 일탈한 위헌 위법한 고시임'이라는 이의는 당연히 전혀 타당하지 않은 것으로 결론이 내려졌다.

그 결과 대책회의가 주장한 바대로, '광우병 발생 위험이 높아 미국 사람들도 기피하는 30개월 이상 쇠고기, 광우병 특정 위험 물질이 수반되는 30개월 이하 쇠고기' 등이 사실상 아무런 통제장치 없이 무제한 수입이 허용되고, '검역 주권과 국민 건강권이 무력화'되었다. 그런데도 정부는 "외교적 어려움에도 불구하고 미국 측과 재협상에 가까운 추가협의를 하였다"며 마치 5·29 고시 내용이 검역 주권을 회복한 것

2008. 5.29, PM 2:15, 과천종합청사, 김봉규

2008. 5.29, PM 2:12, 과천종합청사 앞, 김명진

어둠은
빛을
이길 수 없습니다

66

인 양 진실을 왜곡하였다. 취임 100일도 안 된 대통령이 "정부가 충분히 이해를 구하고 의견을 수렴하는 노력이 부족했고 국민 마음을 헤아리는 데 소홀했다는 지적도 겸허히 받아들인다"면서 머리를 조아리고, 농림수산식품부 장관이 "국민의 건강과 식탁의 안전만큼은 확실히 지키겠다"며 다짐했지만, 결국 한미 쇠고기 협상이 타결된 이후 시민들이 일관되게 요구했던 '재협상'과 '고시 반대'에 대해 정부가 취한 일은 장관 고시를 2주일 연기한 것뿐이었다.

한 달 가까이 촛불을 밝혔던 이들이 한결같이 '지금 상태에서 정부 고시를 강행한다면 그렇지 않아도 성난 민심의 불에 기름을 끼얹는 격이 될 것'이라고 경고하였지만, 정부는 아랑곳하지 않았다. 이에 시민들은 정부의 고시 발표를 '대국민 선전 포고'로 이해했다. 국민의 뜻을 저버린 정부, 국민의 마음에서 떠나버린 정부를 보며 누리꾼들은 5월 29일을 서슴없이 '국치일'이라 명명했고, '근조 대한민국'이란 표현도 마다하지 않았다. 그러나 촛불 시민들이 슬퍼한 것은 대한민국의 죽음이 아니었다. 오히려 '민주주의가 죽었다'는 사실을 비탄했다. 그래서일까. '고시 강행 규탄 대규모 촛불대행진'이 열린 29일, 서울광장에서는 촛불집회 처음으로 〈임을 위한 행진곡〉이 불려졌다. "사랑도 명예도 이름도 남김없이"란 가사를 입에 조아리며 시민들은 저마다 '국민을 섬기는' 대신 '국민을 이기려는', 그래서 '국민 위에 군림하려는 정부'를 더 이상 두고 보지 않겠다고 다짐했을 것이다. 슬픔이 분노가 되는 순간이었다.

장관 고시가 발표된 직후, 사람들이 삼삼오오 도심으로 모여들었다. 오후 4시 이전부터 이미 분노의 함성을 곳곳에서 토해내기 시작했다. 하지만 청와대로 가는 길은 완벽하게 차단되었다. 정확히는 사람이 지나갈 수 있는 땅 위의 모든 공간이 일거에 없어져버렸다. 사람들의 행로는 모두 가로막혔다. 그러나 사람들은 촛불을 들기 위해 꾸역꾸역 거리로 쏟아져 나오고 있었다. 아예 촛불을 켠 채로 광장을 향한 이들도 있었다. '유모차 부대'로 불리던 아기 엄마들이 광화문에 모습을 드러낸 것도 이즈음이다. '우리집은 광우병 쇠고기 수입에 반대합니다'라는 현수막을 두른 유모차는 '부대'라고 불릴 만큼의 규모가 아니었다. 고작 네다섯 대 정도의 유모차에 엄마, 아이 모두 다 합친다고 해도 열 명 남짓. 동선

2008. 5.31, PM 7:34, 시종로, 김정효

도 기껏 광화문에서 코리아나 호텔 사이를 왕복하는 것에 불과했다. 곧 유모차 부대는 촛불소녀와 더불어 촛불집회의 상징이 되었다. 그리고 누군가가 유모차 부대와, 유모차 부대를 따라 인도에서 행진을 함께했던 수백 명의 사람들, 그리고 이내 곧 광장을 채운 사람들을 '촛불시민'이라고 부르기 시작했다. 촛불시민들은 '위험 사회'를 미래 세대에게 물려주고 싶지 않겠다는 소망을 가진 사람들, 국민의 공복에 불과한 권력이 주인 위에 군림하는 본말전도적 현상을 더 이상 묵과하지 않겠다고 거리에 나선 사람들이다. 이제 그 사람들로 인해 촛불에 담긴 분노는 희망이 되었다.

섬기는 정부의 거침없는 군홧발

시민들이 민주주의를 성숙시키는 가장 적합한 존재임을 스스로 증명하기 위하여 광장으로 나오고 있을 때 어이없게도 권력은 폭력으로 맞섰다. 물론 폭력 행사는 이날이 처음이 아니었다. 사람들이 정부의 물리적 폭력을 체감한 것은 아마 거리행진이 시작되던 5월 24일부터였을 것이다. 그러나 사람들은 더 일찌감치 폭력 세례를 경험하고 있었다. 정부는 미국산 쇠고기의 광우병 위험이 감지되었던 초기부터 "싫으면 안 사면 되고" "마음에 안 들면 적게 사면 된다"식의 언사를 퍼부어댔다. 촛불집회가 본격화되었을 때는 '광우병 괴담' 운운하며 배후를 색출하겠노라고 엄포를 놓기도 했다. 시민들에게 정부는 이미 폭력의 화신이었다. 그렇지 않고서야 어찌 촛불집회에 나온 시민들을 향해 '법질서 파괴행위 무관용 원칙'을 운운하며 '단순 참가자라도 도로에 드러누워 교통을 방해하거나 해산명령에 불응하면 원칙적으로 현행범으로 체포'하고, '인터넷을 이용한 배후 선동자의 신원을 아이피 추적을 통해 필벌'하겠다는 공갈을 할 수 있겠는가.

한 방 맞으면 날아갈 정도의 수압을 가진 물대포는 촛불시민들을 정조준했다. 직격으로 물대포를 맞은 사람은 그대로 쓰러져 응급실로 옮겨졌다. 청와대를 향한 온 길목마다 물이 흥건했으며 사람들의 몸도 흠뻑 젖었다. 그러나 사람들을 적신 것은 살수차에서 내리꽂는 물세례만이 아니었다. 6월 1일 새벽, 경복궁역 인근에서 경찰과 대치하는 과정에서 전경으로부터 구타를 당해 피투성이 상태로 병원에 실려가는 여학생처럼 사람들이 피로 물드는 경우도 비일비재했다. 그 여학생은 경찰의 발길질을 피해 달아나는데도 경찰이 머리채를 붙잡아 또 폭행을 가했다고 말했다. 도망치는 시민의 뒤통수까지 향하는 경찰의 몽둥이와 방패, 살수차의 물대포. 그것들이 잦아들자마자 쏜살같이 쫓아와 팔을 낚아채는 특공대의 손길을 피하기는 쉽지 않았다. 정부의 폭력은 점점 도를 지나치고 있었다. 인근 병원은 부상을 당한 촛불시민들과 이들을 돕고자 하는 또 다른 촛불시민들로 가득 찼다. 광화문 인근 병원은 더 이상 환자를 받을 수 없어 새벽녘에 이송된 부상자들은 외곽에 있는 병원들로 발길을 돌려야 했다. 연행자 수도 점점 늘어나서 '국민무시 이명박 정부 규탄 범국민대행진'이 열렸던 5월 31일 시위에서는 하루 사이에 무려 228명이 연행되기도 했다.

촛불시민들을 더욱 분노하게 한 것은 정부의 이른바 '벽창호'식 소통으로 불리는 일련의 대응이었다. 정부는 자신의 삶에 영향을 미치는 정책에 대해 발언하고, 나아가 직접 그 문제의 해결을 위해 정치적으로 행동하는 시민들을 '괴담론'을 통해 바보로 몰았다. TV 토론에 나온 한 공무원은 미국산 쇠고기를 먹고 광우병에 걸린 확률은 "골프장에서 홀인원을 하고 환호하다가 벼락을 맞아 죽을 확률과 같다"며 맹렬히 시민들의 무지(?)를 질타했다. 시민들의 미국산 쇠고기에 대한 공포와 위험을 오로지 확률로만 계측하여 막무가내로 안전하다고 홍보를 해대던 정부의 대응은 이명박 대통령과 촛불소녀 사이의 소통 불가의 거리가 어느 만큼인지 또렷이 보여주었다. 정부는 그것도 모자라 '선동론'을 유포시켜 촛불시민들을 적으로 간주하고 막가파식으로 대응하였다. 시민들의 민주주의를 향한 염원이 거세어질 때마다 어김없이 등장하는 '반미시위론'도 예외 없이 동원되었다. 이명박 대통령을 비롯한 정책 당국자에게 시민들은 그저 괴담과 선동에 속는 무지렁이에 불과한 것일까. 2008년 촛불시위에서 정부가 새로이 고안해낸 소통 방안은 선무방송 차량을 이용한 혼내기와 비아냥거림이었다. 경찰은 시민들이 모이기만 하면 "떼를 쓰는 행위는 중단하라" "추잡한 모습을 보이지 말라"며 시위대들을 훈계하였다. 스크럼을 짜는 행위를 보고는 "이탈자들이 생길까봐 팔짱 끼고 있는 거 다 안다"거나 구호가 일치되지 않는 경우에는 "통제가

2008. 6. 1, AM 5:24, 동십자각 앞, 김정효

안 되냐"고 조롱하기까지 했다. 성난 시위대들이 분노를 잠재우지 못하고 자정을 넘기면 "여러분은 돈이 많아서 전부 택시를 타고 돌아다니냐"며 시위대를 자극하기 일쑤였다. 미국산 쇠고기의 무분별한 수입이 초래할 재앙을 막기 위한 시민들의 안간힘에 대한 정부의 대응은 결국 때리고 욕하는 것이었다.

비루한 권력, 도도한 촛불

그러나 정부의 무자비한 폭력도, 어처구니없는 논리도, 유치하기만 한 억지도 촛불시민들에게는 먹히지 않았다. 오히려 촛불시민들은 비루한 정부의 본질을 깨닫고 더욱 농밀한 참여로 화답했다.

고시가 강행된 29일, 서울에선 문화제를 마친 시민들의 첫 행렬이 돌고 돌았는데도 대열의 끝은 출발도 못한 상태였다. 그 다음날엔 전국적으로 촛불이 켜지기 시작해 전국의 시, 군, 구 가운데 무려 99곳에서 촛불집회가 열렸다. 31일엔 촛불문화제가 개최된 이래 가장 많은 시민들이 촛불을 밝혔다. 시민들은 자정을 넘기고도 집에 돌아가지 않았다. 밤새도록 촛불시민들은 광화문 사거리에서 동십자각으로, 헌법재판소로, 창덕궁으로, 청와대로, 안국동으로, 대학로로 그야말로 '발길이 닿는 대로' 도심을 누비며 원초적 분노를 그대로 폭발시켰다. 가다가 막히면 행진방향을 둘러싸고 말싸움을 하기도 하고, 한 행렬이 서로 방향을 달리 잡는 바람에 갑자기 몇 갈래로 흩어지는 경우도 있었다. 집회에 나올 요량은 아니었지만 시위대를 만나면 누구라도 자연스레 행렬에 끼어들 수 있었던 것처럼 목 놓아 '고시철회'를 외치다가도 잠깐 어딘가에 들어가 허기를 달래는 이도 있었다. 그러면서 사람들은 6월 1일까지 24시간에 걸친 촛불 저항을 하고, 1일 저녁에 다시 모여 '경찰 폭력 규탄, 연행자 석방을 위한 촛불대행진'을 이어 나갔다. 시민들은 무력 진압과 강제 연행, 사법 처리로 일관하는 정부의 대응이 정당하지도 합법적이지도 않다는 것을 몸으로 실감하였다. 그렇기에 시민들은 물대포와 소화분말을 감내하면서도, 연행되는 순간 눈물을 흘릴지언정 청와대로 향한 행진을 포기할 수 없었다. 촛불을 끌 수가 없었던 것이다. 정부는 촛

2008. 5.29, PM 7:04, 서울광장, 이정아

폭발

불집회가 열렸던 첫날부터 지금까지 '모든 국민은 언론·출판의 자유와 집회·결사의 자유를 갖는다'는 헌법 21조를 애써 망각하고 있었을 것이다. 물론 헌법 1조의 '대한민국은 민주공화국이다' '대한민국의 주권은 국민에게 있고, 모든 권력은 국민으로부터 나온다'는 조항은 제일 먼저 잊었을 테고 말이다. 어쩌면 국민의 건강권이나 행복 추구권은 아예 머릿속에 없었을지도 모른다. 촛불시민들에게는 헌법에서 보장된 권리가 보루였으나, 이 보루는 오만한 대통령과 무지막지한 검경에 의해 모두 파괴되고 말았다. 그러나 촛불시민들에게는 헌법적 권리와 그에 기초한 자신들의 주장과 행동이 공권력보다 더 정당했기에 거침이 없었다. 지칠 수도 없었다. 고시 강행이란 정부의 악수는 시민들에게 두려움조차 없애버린 듯했다. 또한 그들은 '법이란 게 원래 그런 거야'라든가 '경찰이 다 그렇지, 뭐'라며 그냥 넘어가는 '경험' 많은 운동권이 아니었기에 정부의 대응을 허투루 넘길 수도 없었다. 그러면서 촛불시민들은 운동권보다 '더 무서운 놈들'이 되어갔다.

밤이 깊어가도 집에 가지 않는 시민들

'더 무서운 놈들'은 길거리 싸움에만 능한 것이 아니었다. 10년 만에 일반 시위에 특공대를 투입시켰다니, 그들의 싸움 실력을 짐작할 만하다. 지구력도 대단하여 24시간을 뛰어다녀도 웬만하면 지치지 않는다. 그러나 그들에게 지치지 않는 것은 체력만이 아니었다. 사람들은 6월 1일, 한나라당 홈페이지에 팔 벌려 춤추는 고양이 사진을 보고 박장대소를 하지 않을 수 없었다. 쥐박이를 잡는 데는 고양이만 한 게 없다는 한 해커의 센스는 촛불시민들이 가지고 있는 창의적 저항의 한 단면이다. 온라인 공간에서 펼쳐졌던 촌철살인 댓글달기도 앉은 자리에서 투쟁할 수 있는 무기를 우리에게 쥐어주었다. "이제 겨우 100일, 하지만 헤어질 때가 된 거 같다" 거나 "40대가 되니 건강에 신경 쓸 나이가 되었다. 대통령 때문에 혈압이 많이 올랐다"는 누리꾼의 댓글은 대정부 투쟁에 참여하면서도 웃을 수 있는 여유를 선사하였다. 온오프 통합 시위의 촉매제 역할을 톡톡히 한 길거리 저널리즘은 또 어떠한가. 단박에 촛불시위 참가자는 기자가 되었다. 때로는 폭력 진압의 목격자이고, 사

2008. 6. 1. AM 1:04. 광화문, 김정효

람들을 모으는 조직가가 되기도 하며, 역사의 증언자 역할을 하기도 했다. '조중동 평생 구독 거부운동'으로 명명된 보수신문 구독거부운동이나 조중동에 광고를 낸 기업들에 대한 불매운동 등 언론개혁을 위한 행동도 기존의 구태의연함을 일거에 뛰어넘었다. 이 모든 창조적 지혜들은 이 시기 동안에만 나타난 일과적 특징은 아니었으며 촛불집회 내내 진화와 발전을 거듭했다.

그러나 무엇보다 촛불시민들이 진짜 무서운 이유는 폭력 진압으로는 시민들의 분노를 잠재울 수 없다는 것을 온몸으로 보여주었다는 데 있다. 촛불시민은 정부의 군홧발 대응이 시민들의 더욱 광범위한 저항을 불러일으킨다는 것을, 정부의 진정 어린 사죄와 재협상만이 촛불시민들을 설득하는 유일한 방법이란 것을 정부 당국자에게 똑똑히 가르쳐주었다. 그리고 뜻을 함께하는 사람들의 모습이 주는 감동을 경험하게 해주었다. 촛불광장에서 민주주의를 실천하고, 경험하며, 각성한 시민들은 '연대성'이 민주주의의 중요한 가치임을 깨달았다. 6월 1일, 서울광장에는 수건, 의약품, 바나나, 생수 외에도 핫팩, 이불, 티셔츠, 담요 등 물대포를 맞으며 밤을 지새운 촛불시민들을 응원하는 새로운 물품들이 쌓여갔다. 비록 자신의 몸이 촛불 현장엔 함께 있진 못하지만, 마음만은 함께한다는 메시지가 거리 곳곳에서, 광장 곳곳에서, 온라인 공간 곳곳에서 충만했다. 대치 현장에서도 놀라운 모습이 목격됐다. 촛불시민들은 그들에게 전달된 초코바, 빵 등을 전경들 손에 쥐어주었다. 물론 꽃도 함께였다. 그래서 6월의 첫날은 물대포 세례 때문에 시민들의 몸과 마음은 춥기 이를 데 없었으면서도 묘한 감동이 너울대어 따스하기도 했다.

고시가 강행된 이후 촛불은 하루도 꺼지지 않았다. 정부는 바람받이에 선 촛불이기를 기대했겠지만, 오히려 촛불은 전국으로 번져 나갔다. 시민들은 새 정부 아래서 민주주의가 짓밟히고 있다는 사실에 대한 분노와 민주주의를 살려내겠다는 갈망과 염원을 쉼 없이 광장에 토해냈다. 밤이 깊어가도 시민들은 지칠 줄 몰랐다. 마침내 농림수산식품부는 6월 2일, 그 다음날로 예정되었던 미국산 쇠고기 수입 재개 장관 고시의 관보 게재를 연기하였다고 발표했다. 명시적으로는 한나라당의 관보 게재 유보 요청을 받아들인 것으로 발표했지만, 들불처럼 번졌던 촛불에 참여했던 사람들은 모두 알고 있었다. 관보 게재 연기의 진정한 이유가 무엇인지 말이다.

박영선

촛불이 밝혀진 곳이라면, 부지런히 쫓아다니긴 했다. 그러나 처음부터 끝까지 구경꾼, 기껏해야 관찰자 처지일 수밖에 없었다. 낡디낡은 머리와 전혀 뜨겁지 않은 가슴 때문에 촛불시민의 말과 몸짓을 이해하기는커녕 따라하는 것조차 버거웠다. 그래도 그들을 부단히 좋은 덕에 촛불의 영혼을 아주 미약하게라도 마음에 새기는 것이 가능하게 되었다고 위로하고 있다. 그리고 이 책을 기획했다. 현재 참여연대 기획위원장으로 일하면서 시민운동 현장에서 느낀 문제의식을 탐구하고자 NGO학을 공부하고 있다.

2008. 5.31. PM 8:16, 서울광장. 겸정효

지 안능 은기

5

광장

열린 공간에서의 창조적 저항

_이명원

6월 2일 ~ 6월 9일

   72시간 릴레이 촛불문화제의 첫날인 2008년 6월 5일, 얼룩무늬 군복과 모자를 착용한 일군의 중년 사내들이 봉고차를 몰고 서울광장에서 내렸다. 차에서 내린 이들은 빨간 양탄자와 천으로 묶은 각목 등 집기를 묵묵히 나르기 시작했다. 날은 흐렸다. 나중에 이들은 '대한민국 특수임무 수행자회'(이하 수행자회)인 것으로 밝혀졌다. 북파공작원 등을 주축으로 결성된 단체인 이들 수행자회가 애초에 판교에서 열리던 '전야제와 전사자 합동 위령식' 장소를 석연치 않은 이유로 변경하고는 그 대신 서울광장에서 이틀간에 걸쳐 행사를 치르기로 했다는 것이다.

   릴레이 촛불문화제를 준비하고 있었던 대책회의와 시민들은 이들의 출현이 전국민적인 촛불시위를 이념 대결로 변질시키고자 하는 의도가 개입된 게 아닌가 하는 우려를 표명했다. 실제로 이명박 정부와 우파 일각에서는 시간이 갈수록 확산되고 있는 촛불집회에

2008. 6. 2, PM 7:30, 서울광장, 류우종

대해 연일 "배후가 있다"는 음모론을 유포시키고 있던 때였다. 당시 청와대 홍보비서관이었던 추부길 목사가 그러하다. 추 비서관은 바로 이날 한 단체가 주최한 예배에서 촛불집회에 참여한 사람들을 '사탄의 무리'로 거론해 커다란 논란을 불러일으켰다.

나중에 알려졌지만 서울광장에서의 수행자회의 갑작스런 합동위령제 개최는 4일에 있었던 대통령과의 청와대 오찬 직후에 장소가 변경된 것이었다. 이들은 다음날인 현충일까지 위령제 행사를 실시할 것이라 밝혔는데, 릴레이 촛불문화제 와중에 발생할지도 모를 우발적 충돌을 많은 사람들이 우려했다. 실제로 수행자회의 일부 회원들은 위령제를 마치고 해산하는 과정에서 몸싸움 끝에 20여 명의 시민을 폭행하는 사건을 일으켰다. 그러나 충돌이 일어날 당시 주변에 있던 경찰들은 이를 적극적으로 제지하지 않아 여론의 질타를 받았다.

상황이 이렇게 전개되자, 대책회의는 촛불문화제 장소를 덕수궁 앞 차도로 변경했다. 집회는 그날 오후 7시부터 열리기로 예정되어 있었다. 72시간 릴레이 촛불문화제는 이미 예정된 6·10 촛불대행진의 전야제 성격을 갖고 있으면서, 고시철회와 전면재협상에 대한 시민들의 강력한 분노를 강력하게 결집시키는 의미를 띠고 있었다. 그러나 이 집회는 과거와 같은 비장한 엄숙주의로 채색되기보다는 디지털 민주주의의 발랄한 분위기가 지배적이었다. 사람들은 이 집회를 일종의 '국민 MT'로 간주했다. 성공회대 한홍구 교수의 이런 명명은 과거와는 다른 촛불집회의 성격을 집약한 말이기도 했다.

3박 4일의 릴레이 촛불문화제, 국민 MT가 시작되다

릴레이 집회가 시작되기도 전에 시민들의 자발적인 집회 준비가 열기를 띠어갔다. 시위 중에 발생할 수도 있는 만약의 사태에 대비해 '민주사회를 위한 변호사 모임' 소속 50여 명의 변호사들은 '법률지원단'이라는 '몸자보'를 입고 현장에서 인권감시 활동에 들어갔다. '인도주의 의사협의회'는 집회 기간 동안 '당직의사'들을 집회 현장에 파견했다. 촛불집회에서 발생하는 부상자들의 응급치료를 위해 의사와 간호사들이 자발적으로 결성한 '의료지

원단도 대거 참여했다. 동시에 연인원 500여 명의 '시민기자단'은 릴레이 집회 기간 동안 집회 현장의 소식을 실시간 보도하면서, 우려되는 인권침해 현장을 적극적으로 감시할 것이라고 밝혔다.

집회가 시작된 첫날 광화문에는 경찰이 전경버스를 쇠사슬로 얽어맨 육중한 차벽이 설치되었다. 차벽 뒤의 이순신 동상은 무심한 듯 긴 칼을 차고 세종로를 바라보고 있었지만, 얼마 뒤 장군은 네티즌들이 자발적으로 성금을 모은 촛불광고에서 촛불을 들고 등장하는 유쾌한 패러디의 대상이 된다.

릴레이 촛불문화제 기간이 일종의 샌드위치 휴일과 주말을 끼고 있었기 때문에, 시민들은 이전의 촛불집회보다 더욱 적극적으로 참여했다. 릴레이 촛불문화제는 대체로 오후 7시에 시작되어, 연일 밤샘시위로 이어지곤 했다. 대책회의가 공식적으로 주최한 집회에서는 이전과 같은 만민공동회의 형식이 선용되었는데, 초등학생부터 노년층에 이르기까지 단순히 광우병 쇠고기 문제뿐만 아니라, 이명박 정부 등장 이후 자신들이 실제로 체감할 수밖에 없었던 여러 문제들에 대한 난상토론이 폭넓게 전개되었다.

촛불집회는 대통령선거와 총선을 거치면서, 오늘의 대의 민주주의 체제가 얼마나 심각한 모순에 빠졌는지를 자각한 시민들이 직접적인 행동에 의해 만들어낸 참여민주주의의 새로운 형식이었다. 오직 선거 때만, 그것도 만 20세의 성인만이 자신의 의사를 표시할 수 있다는 대의 민주주의가 국민들의 전반적인 의식을 오히려 부정하고 배반할 때, 결국 시민들은 광장에서 그들의 의사를 표현하는 직접 행동 민주주의를 선택할 수밖에 없었다.

광화문에서 공식적인 집회가 끝나면 시민들은 촛불을 들고 거리행진을 시작했다. 릴레이 집회가 시작된 6월 5일에도 평소와 같은 거리시위가 있었지만, 그 양태는 이전과 좀 달랐다. 연인원 20여만 명에 이르는 워낙 많은 시민들이 모였기 때문이지만, 시민들은 이 시점부터 좀더 적극적으로 자신의 의사를 청와대에 전달하기를 원했다. 명동과 종로를 거쳐 광화문으로 돌아와 정리집회를 하는 식의 행진 대신, 이제 시민들은 거의 우발적으로 구성된 행진 방향을 따라 분산된 거리행동을 벌였다. 광화문에서 서대문을 거쳐 사직동 방향으로 가는 사람들이 있는가 하면, 종로를 경유해서 안국동 방향으로 진출하는 이들도

2008. 6. 6. AM 5:49, 광화문, 김명진

어둠은
빛을
이길 수 없습니다

2008. 6. 3, PM 10:46, 광화문, 김정효

2008. 6. 3, PM 11:28, 광화문, 김정효

2008. 6. 3, PM 11:47, 광화문, 강창광

2008. 6. 5, PM 8:01, 광화문, 류우종

2008. 6. 6, PM 9:20, 한국은행 앞, 신소영

2008. 6. 6, PM 9:20, 광화문, 김정효

있었고, 행진을 하는 대신 즉각 광화문의 차벽을 넘어서려는 참가자들도 있었다.

행진의 방식 역시 흥미로웠다. 릴레이 집회 동안 시민들은 다채로운 방식의 퍼포먼스를 이곳저곳에서 보여줬다. 젖소 복장을 한 젊은이들이 유쾌하게 행진하는 뒤편에는, 쥐덫에 담긴 컴퓨터 '마우스'를 질질 끌고 가는 어린 소년이 보였다. 집회에 참석했던 한 남성은 이런 말을 하기도 했다. "과거에는 집회에 운동화를 신고 나오는 것이 당연하다고 생각했어요. 달리기 바빴으니까. 그런데 하이힐에 양장을 입은 여성들을 보니까 좀 신기하네요."

사실 '과거의 눈'으로 보면, 6월의 촛불시위는 특이한 것이 많았다. 여성들의 하이힐을 보고 신기해 하는 사람들도 있지만, 이번 시위에서 특히 흥미로운 것은 다양한 계층의 서로 다른 개성을 가진 여성들이 집회를 주도했다는 점에서도 그렇다. 집회를 촉발, 진화시킨 여중고생들부터 물대포 앞에서도 유모차를 끌며 흔들림 없는 모습을 보여준 이른바 '유모차 부대', 그리고 인터넷 카페 상의 패션 동아리인 '소울 드레서'와 요리동호회인 '82쿡' 등의 회원들은 릴레이 촛불문화제에 지속적으로 참여하고, 성금을 모아 촛불집회의 정당성과 이명박 정부의 실정을 비판하는 신문광고를 〈한겨레〉와 〈경향신문〉 등에 게재하기도 했다.

동시에 광장의 이곳저곳에서 펼쳐졌던 자발적인 공연과 문화 행동들 역시 매우 풍부했다. 행진이 끝난 심야의 늦은 밤에는 가히 풍물시장을 방불케 하는 노점이 펼쳐졌다. 그 옆에서는 '관제 문화행사'에서는 결코 볼 수 없는 흥겨운 축제 마당이 벌어졌는데, 6월 5일 새벽에는 '꽁지머리 이영용의 드럼서클'이란 단체가 50여 개의 북을 치며 거리 공연을 해 큰 화제를 모았다.

행진 중에도 공연은 멈추지 않았다. 자발적으로 조직된 시민 브라스 밴드는 시가행진의 가장 앞쪽에서 〈헌법 제1조〉와 〈광야에서〉 등을 연주했고, 그 뒤에서는 풍물패가 꽹과리와 북을 두드리며 신명을 돋우었다. 행진하는 시민들은 촛불집회를 왜곡보도한 동아일보사와 조선일보사 앞을 지날 때면 야유를 보냈고, 경향신문사 앞을 지날 때면 환호를 보냈다. 일군의 문화예술인들은 '문화행동'으로 명명된 문화제를 개최해 많은 시민들의 열띤 호응을 얻었고, 심야가 되면 어디서 갑자기 나타났는지 '김밥조공'을 하겠다는 우스꽝스런 대자보를 맨 '김밥부대'가 시민들에게 김밥과 음료수를 나눠주었다. 그 옆에 있는 '촛불다방'에서는 커피를, 그로부터 얼마간 떨어진 곳에는 '다인아빠'의 밥차가 무료 식사를 나눠주고 있었다.

차벽을 쌓고, '소통'을 말하는 정부

릴레이 촛불문화제는 흔히 새벽까지 이어졌다. 광장에 모인 시민들은 모두 청와대로 가기를 원했다. 시민들은 광우병 사태에 대한 대통령의 진심 어린 성찰을 원했다. 그러나 번번이 단단하게 막힌 차벽 앞에서 '소통'을 말하는 정부의 민심과의 '불통'을 확인해야 했다. 릴레이 촛불문화제가 이어지던 3일 동안 청와대 인근의 모든 장소는 차벽으로 통제되었다. 차벽으로 막은 것이 시민인지, 아니면 청와대가 차벽에 막혀 고립된 것인지 알쏭달쏭했다. 6일 저녁 새벽 시민들은 사직터널 방면과 안국동 방면, 세종로 방면, 새문안교회 방면 등 네 곳의 막힌 차벽에서 전경들과 대치했다. 전경들과 대치하던 시민들은 차벽을 뚫기 위해 밧줄을 버스에 연결하였고, 줄다리기하듯 그것을 끌어내고자 했다. 전경들은 휴대용 소화기와 물대포를 시민들에게 난사했고, 또 차벽의 뒤편에 묶어놓은 로프를 잡아당기면서 필사적으로 차벽을 지켰다.

릴레이 촛불문화제가 이틀째로 접어들던 6일에는 집회의 양상이 다소 변화했다. 대책회의의 공식집회는 수행자회가 철수한 시청 앞 광장에서 계획대로 진행되었지만, 이보다 이른 오후 3시 1만여 명의 시위대가 곧장 청와대로 향했다. '아고라' 깃발을 앞세운 시민들의 기습시위는 그러나 안국동 사거리에서 전경들의 차벽을 마주쳐야 했다. 시민들은 경찰버스에 맞붙어 "이명박은 물러가라" "평화시위 보장하라"는 구호를 외치며 대치를 계속했다. 늦은 저녁이 되어 거리행진을 끝낸 시민들은 새벽까지 차벽을 뚫기 위해 전경들과 일진일퇴의 공방전을 계속했다. 실제 6일 새벽 새문안교회 방향에서 전경들의 일차저지선이 뚫렸고, 세종문화회관 뒷골목의 버스가 시민들에 의해 끌려나오기도 했지만, 전경들의 저항은 완강했다. 7일에도 청와대를 향하려는 시민들의 몸짓은 계속되었다. 그런데 이날 시위

2008. 6. 6, PM 4:59, 세종로, 박승화

2008. 6. 2, PM 11:30, 광화문, 김종수

2008. 6. 6. PM 5:30, 광화문, 박승화

에서 특징적인 것은 시민들이 버스를 밧줄로 묶어 적극적으로 끌어내리려고 하지 않았다는 점이다. 그 대신 시민들은 하늘을 향해 폭죽을 쏘아 올렸고, '난타' 공연을 하듯이 버스의 차벽을 규칙적으로 두드리면서 노래를 불렀다.

릴레이 촛불문화제가 열리던 3일 동안 서울광장은 시민들의 '집강소' 역할을 했다. 촛불집회에 참여하는 각종 단체들의 텐트가 광장 둘레를 빼곡하게 들어섰다. 서울광장에서는 이명박 정부의 정책을 규탄하는 각종 전시회가 열렸고, 촛불집회의 의미를 검토하는 심야 토론회가 열렸다. '민주화를 위한 전국교수협의회' 주최의 토론회는 새벽까지 이어졌음에도 토론에 참여한 시민들의 열기는 뜨거웠다.

릴레이 촛불문화제가 열리는 3일 동안 〈시사IN〉과 〈오마이뉴스〉를 포함한 진보 언론은 '거리편집실'을 설치해 촛불집회의 진행과정을 실시간으로 보도했으며, 중계차량을 동원해 촛불집회의 현장을 실시간으로 중계했다. 〈민중의소리〉와 진보신당의 〈칼라TV〉 등도 시청 앞 광장에 방송용 텐트를 설치하여 현장 상황은 물론이고, 촛불집회 관련 특별방송과 긴급토론회 등을 중계해 시민들에게 뜨거운 호응을 얻었다. 그러나 릴레이 촛불문화제를 포함하여, 집회가 있었던 기간 내내 시민들에게 가장 깊은 인상을 남긴 것은 〈아프리카〉 사이트를 통해 중계되었던 1인 시민저널리스트의 방송이었다. 이 방송은 집회에 참석한 시민들은 물론이고, 집회에 참석하지 못했던 네티즌들 역시 집회의 현실에 적극적으로 참여하는 계기를 만들었고, 동시에 촛불집회의 전지구화를 촉진하는 계기가 되기도 하였다. 공식 해외언론을 통해 촛불집회의 상황을 상세하게 확인할 수 없었던 재외교민들 역시 인터넷방송을 통해서 한국에서 벌어지는 집회의 양상을 생생하게 확인할 수 있었다. 그리하여 미국과 일본, 유럽과 남미에 이르기까지 교민들에 의한 촛불시위가 진행되는 계기가 마련되었다.

3박 4일간에 걸쳐 진행된 릴레이 촛불문화제는 이명박 정부의 실정과 쇠고기 협상의 문제뿐만 아니라, 시장주의에 입각한 교육정책과 토건주의적 발상의 대운하 문제, 공기업 민영화 문제 및 비정규직 문제와 같은 의제들을 집중적으로 논의하게 만드는 계기가 되었다. 동시에 촛불집회를 통해서 사회운동진영과 평범한 시민들이 진정으로 소통할 수 있는

2008. 6. 5. PM 8:47, 세종로, 이정용

어둠은
빛을
이길 수 없습니다

가능성을 확보했다. 촛불집회가 진행되기 이전까지, 한국의 사회운동진영과 시민운동진영은 대중들과 분리되어 고립될 수도 있다는 위기의식에 빠져 있었다. 특히 전통적인 사회운동진영의 주축이라 할 수 있는 노동운동에 대한 시민들의 생각은 시간이 갈수록 냉담해져가고 있는 실정이었다. 그러나 촛불항쟁을 거치면서 노동운동진영과 시민들은 공동의 목표를 통해 연대할 수 있었으며, 그런 까닭에 촛불의 의제는 더욱 예리하게 진화해 갈 수 있었다.

저항의 방식을 둘러싼 논쟁

그러나 72시간의 릴레이 촛불문화제는 또한 시민들 사이에 많은 토론 거리를 남겨주기도 했다. 특히 이 시기를 거치면서 집회에 참여한 시민들 사이에서는 이른바 '폭력−비폭력 저항'을 둘러싼 날카로운 논란이 끊이지 않았다. 릴레이 촛불문화제는 항상 새벽녘이 되어서야 끝났다. 매일의 집회는 새벽 6시를 전후한 시기에, 전경들이 대거 투입되어 시위대를 시청 앞 광장으로 밀어붙이는 해산 방식에 의해 종결되었다. 이 와중에 저항하는 시민들은 경찰들의 곤봉과 방패에 의해 여지없이 진압당했고 연행되었다. 새벽 내내 파상적인 경찰들의 물대포 세례와 소화기 공격에 시위대가 노출되는 상황이 반복되자, 집회에 참가한 시민들 역시 강력하게 저항해야 하지 않는가 하는 논의가 인터넷 상에서 지속되었다. 집회에 참여한 시민들의 대다수는 경찰의 폭력 진압이 아무리 부당할지라도, 시민들 자신이 '비폭력 평화주의'를 견지하는 것이 집회의 정당성과 국민적 지지를 확보할 수 있는 유일한 방법이라는 주장을 펼쳤다. 이에 반해 계속되는 경찰의 폭력을 수수방관하고 무력하게 노출되는 것이 과연 참된 저항의 태도인가라는 주장도 대두되었다. 특히 차벽 앞에서 시민들은 차벽을 넘어 청와대로 갈 것인가, 아니면 기존에 했던 방식대로 대치를 계속할 것인가의 문제를 둘러싸고 격렬한 논쟁을 벌였다.

이렇게 논쟁이 격하게 전개된 데에는 경찰들의 폭력적인 대응이 그 수위를 점점 높여 갔기 때문이다. 새벽의 대치가 계속될 때마다 이른바 '확성녀'라는 별명을 갖게 된 경찰의 선무방송 차량은 시위대에 대한 감정적인 공격과 "당신들은 국민이 아니다" 식의 모독적인 발언으로 시위대를 자극했다. 동시에 경찰들은 차벽 위에 오르려는 시위대를 방패로 찍고, 시위대를 향해 소화기를 던지는 등의 진압 방식 때문에 많은 부상자들이 발생했다. 새벽의 집회 해산시에는 토끼몰이를 연상케 하는 거친 진압 작전을 전개해 많은 시민들이 부상당한 채로 연행되었다. 시위대 편에서도 과격한 대응을 하는 사람이 없었던 것은 아니다. 그런데 그런 과격 대응이 나올 때마다, 시위대 사이에서는 이른바 '프락치 논쟁'이 벌어졌다. 시간이 흘러 실제로 경찰들이 시위대를 자극하기 위해 사복경찰들을 동원하고 있다는 사실이 밝혀졌지만, 당시에는 이 사실을 확인할 수 없었다.

3박 4일의 릴레이 촛불문화제는 6월 10일의 100만 촛불대행진을 예비하는 전야와도 같았다. 이 3박 4일 동안의 촛불집회 기간 동안 광화문 일대를 포함하여, 서울의 주요 도심은 이명박 정부를 심판하고자 하는 성난 민심의 소리로 가득했다. 그러나 촛불이 염염하게 제 몸을 녹여 타오르는 것처럼, 시민들은 내내 인내심을 갖고 평정을 유지할 수 있었다.

릴레이 촛불문화제를 포함하여, 이 항쟁에 참여했던 시민들이 진정으로 원했던 것은 이명박 정부의 퇴진과 같은 정략적 문제가 아니었다. 시민들은 '이명박 OUT'이라는 구호를 통하여 참다운 민주주의와는 완전히 배치되는 행태를 보이고 있는 집권세력을 포함한 정치계급의 무능을 심판하고자 했고, 형식적 민주주의에 갇히지 않는 보다 근원적인 민주주의의 가치를 촉구했다. 동시에 촛불항쟁에 참여한 시민들은 광우병을 초래할 위험이 있는 쇠고기를 먹지 않겠다는 단순한 '자기보존의 욕망'을 뛰어넘어, 무엇이 진정으로 사람다운 삶이며 존엄한 삶인가라는 좀더 심원한 고민과 목표가 대한민국의 현실에서 더 의미 있게 받아들여져야 한다는 생각을 피력했다.

2008. 6. 8, AM 1:39, 광화문, 박종식

그런 점에서 릴레이 촛불문화제는 그동안 경제성장 만능주의와 신자유주의 경쟁 논리에 휘둘려 고통받고 있던 시민들이, 각성된 눈으로 민주주의와 현실을 바로보고자 했던 그들의 아름다운 인문적 욕망이 집약되어 함께 만들어낸 꿈같은 풍경이 아니었을까? 생활의 무게에 눌려 낱낱이 고립돼 있다가 넓은 광장에서 서로의 손을 잡고 소통하면서 스스로에 대한 '긍정의 힘'을 얻는 시민들이, 흔들림 속에서도 제 몸을 다해 타오르는 촛불의 아름다움처럼, 타자와 함께 살아간다는 일의 진정한 가치, 그 공생공락(共生共樂)의 비전을 폭죽처럼 솟아올렸던 한여름 밤의 꿈은 아니었을까?

이명원

촛불 국면 당시에 집회가 벌어지던 광화문 일대를 끝없이 이동했다. 대중들의 다채로운 표정들을 관찰하고 의미화하고 싶었기 때문이다. 집으로 돌아온 새벽, 인터넷 생중계를 보고 아고라를 검색하는 일에 골몰했다. 책상 위에서 촛불에 관한 몇 편의 글을 썼지만, 가슴은 숯검뎅이처럼 타버리는 것 같았다. 문학평론가이며, 지행네트워크 연구위원으로 일하고 있다.

2008. 6. 8. PM 3:06, 서울광장, 강창광

박재동 화백의 촛불집회 현장 스케치

이명박
OUT

영6IO
재벌이

우리 어찌 만난하리오
우리 어미 주저 하리오
다시 서는 저 들판에 -서
뭉쳐진 민거을 높이며

♪ 사-랑도 명예도
이름도 남김 없이
한명생 나가자던 뜨거운 명세

거리악단
재범0 06

이 학생은
알건대
우리학교
영비라
|학년이다

아들딸 점은들
재범0 086

우리집 강아지는 미친강아지
미국갔다 돌아오면 바우 와우 와우
미국개도 아번것이
♪ ㄴ 바우와우워우 ♪

광화문에서 싸님의
기도한 개시노
재범0 086

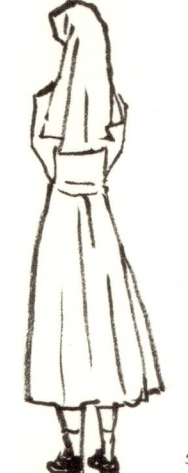

스너님도
나오셨네

재범0 영6리

가족 MT,
잠시 광화문으로
잠시 옮겨다다.
- 재범0 08.

폭도?
불순시민?
정나도 08628

불순세력?
정나도
0829

폭도? 정나도
08029

나라랑 아라랑 아라리요 아라랑고개로

나를 버리고
가시는 님은

십리도 못가서 발병난다

정나도
0829
신명나는
길놀이

박재동

처음엔 몸이 잘 움직여지지 않았다. 그러다 장관 고시가 강행되고 나서는 광장에 나가야겠다는 생각을 했다. 서울광장에서 만화연대회원들과 함께 시민들의 캐리커처를 그려주다가 나중에는 이 놀랍고 역동적인 역사의 현장을 그려야겠다고 생각했다. 당시 몸이 몹시 좋지 않아 두세 시간만 그리다가 들어가겠다고 마음먹었는데, 막상 현장에 서고 보니 시민들의 물결 속에 함께 싸여 있는 재미가 보통이 아니라 도저히 집에 갈 수가 없었다. 결국 밤을 꼴딱 새고 며칠을 누워 지내고 또 나가고……. 그러면서 대단히 많은 것들을 그렸고, 그려주었다. 진한 감동이었다. 특히 삼삼오오 모여 즐겁게 토론하는 모습, 노래와 춤으로 혹은 연주로 자신들의 주장을 표현하는 모습은 아름다웠다. 그리고 광화문 네거리에 누워 하늘을 보는 기분이란! 한국종합예술학교 영상원 애니메이션과 교수로 일하고 있다.

6 민심

21년 만의 만남, 6월항쟁과 촛불항쟁

_이남주

6월 10일

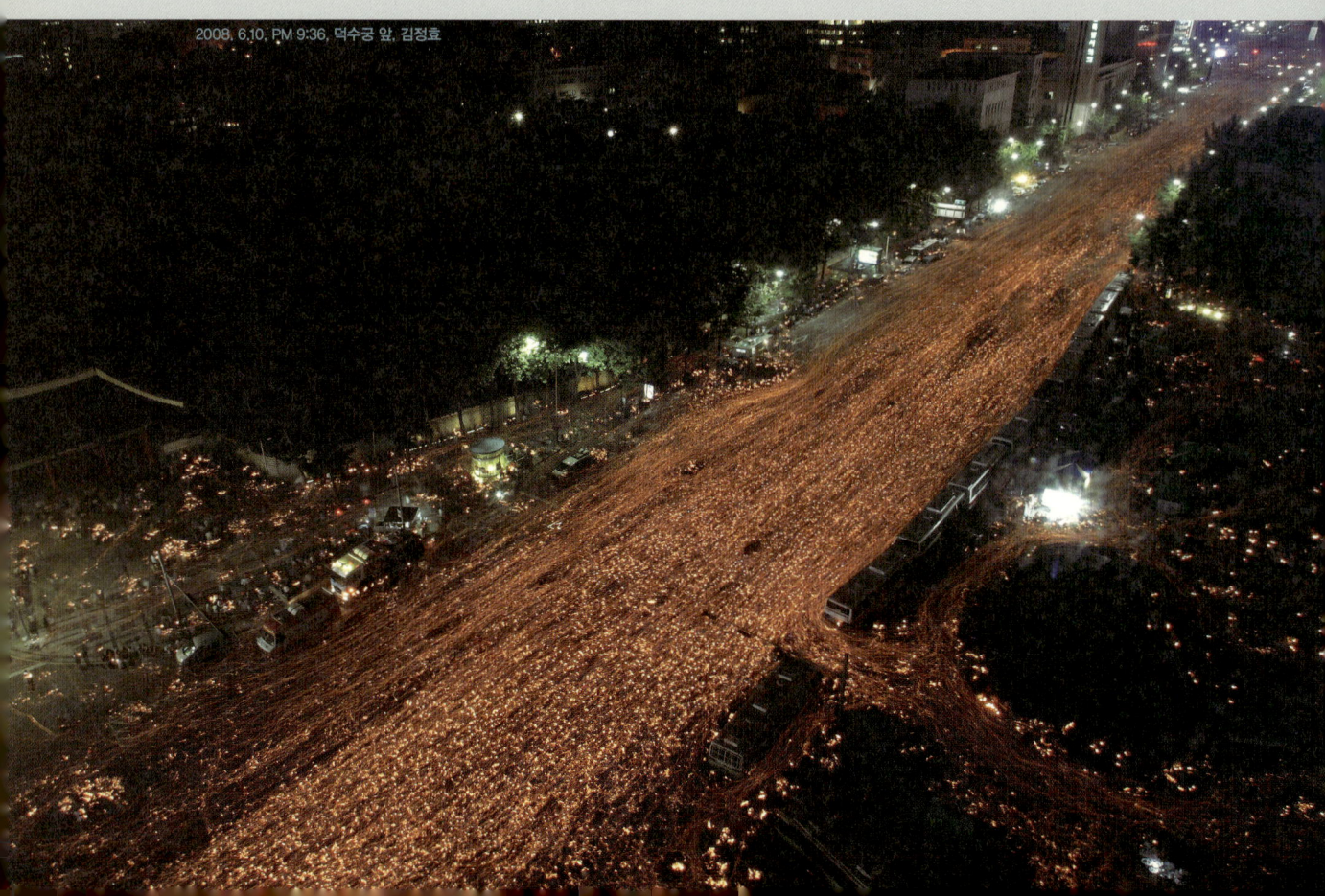

2008. 6.10, PM 9:36, 덕수궁 앞. 김정효

6월 10일 밤 광화문 네거리와 시청 앞 서울광장, 남대문에 이르는 거리는 수십만 개의 촛불들로 메워졌다. 촛불은 서울만이 아니라 전국 곳곳에서 동시에 밝혀졌고 전체 참여 인원은 100만 명에 이르렀다.

한때 피플파워(people power)라는 말이 유행했던 적이 있다. 1986년 필리핀에서 민중들의 대규모 시위가 마르코스 대통령을 몰아냈고, 1987년 한국에서는 6월항쟁으로 독재정부의 항복선언을 이끌어내면서 민주주의를 진전시키는 위대한 민중들의 힘을 지칭하기 위해 사용된 표현이었다. 이 표현은 또한 정치가 정당과 선거 제도 내에서만 이루어지는 정치인 들의 전유물이 아니라, 민중들의 것이 되는 순간 발산되는 폭발적이고 해방적인 에너지를 상징했다. 그런데 한국에서는 1987년 6월항쟁 이후 절차적 민주주의가 비교적 순탄하게 정 착되어가면서 피플파워와 같은 국민항쟁은 역사적 유산으로, 심지어는 일탈적 행위로 간 주되어 왔다.

다시 시청 앞 광장에 서다

그 피플파워가 21년의 세월, 그리고 절차적 민주주의의 진전 등의 제도적 변화가 초래 한 차이를 뛰어넘어 2008년 6월 10일 한반도 남단에 다시 등장했다. 이날 촛불대행진이 시 작되기 직전, 1987년 7월 9일 시청 앞 광장을 떠났던 이한열 열사의 영정이 21년 만에 시청 땅을 밟으며 6월항쟁과 촛불항쟁의 만남이 이루어졌다. 연세대학교를 출발한 이한열 열사 의 대형 영정은 대학생 1천여 명을 비롯한 시민 2천여 명이 운반하여 7시 30분 경 시청 앞

2008. 6.10, PM 6:21, 연세대학교, 김종수

서울광장에 도착했다. 그리고 어둠이 내리고 촛불이 하나하나 밝혀지는 것과 동시에 서울광장 후미로부터 천천히 맨 앞으로 나아가며 6월 10일 촛불대행진의 분위기도 고조되어 갔다.

6월 10일이라는 날짜가 의미하는 상징 탓인지 '전대협', '87년 6월항쟁 참여자 일동' 등으로 표시된 깃발 아래에도 일군의 사람들이 모여들었다. 1987년 6월항쟁에 참여했던 사람들은 이날 6·10항쟁의 정신이 이어지고 있다는 감동과 역사의 수레바퀴가 거꾸로 돌아가는 듯한 상황에 대한 착잡함이 교차하는 복잡한 심정에서 벗어나기 힘들었을 것이다.

한 시민은 "87년 그때, 대학생으로 참여했다. 학생들이 먼저 시위를 하고 기성세대인 넥타이 부대가 합류했다. 지금은 어린 학생들이 처음 촛불을 들었는데 솔직히 나는 열정이 죽어서 이런저런 핑계로 촛불집회에 나오지 않았다. 하지만 경찰이 학생과 시민들을 폭력 진압하는 것을 보고 참을 수 없었다. 앞장서고 싶지 않았지만 이제는 우리 같은 기성세대들이 힘을 실어줘야 할 것이다. 지금까지 촛불을 든 어린 학생들에게 참 미안하고 고맙다"라고 그 심정을 토로하였다. 이들로서는 왜 우리가 21년의 세월을 뛰어넘어 다시 거리에서 만나야 하는가라는 질문을 던지지 않을 수 없던 날이었다.

이 질문에 대한 답을 줄 수 있는 실마리들 중의 하나는 1987년 6월항쟁 시기, 바로 이 시청 앞 광장에서 '열린 해방 공간'을 상실했던 기억이다.

신기루처럼 사라졌던 열린 광장의 기억

6월항쟁 당시에도 많은 시민들이 거리로 뛰쳐나와 자신의 요구를 표출했다. 전국적으로 100만 이상의 시민들이 시위 대열에 합류했고, 더 이상 탄압을 통한 문제 해결이 어렵다고 판단한 군사독재정부는 6·29선언을 통해 직선제 개헌을 수용하는 양보를 하고 정치적 위기를 벗어날 수 있었다. 그 과정은 분명 하나의 해방의 과정이었다. 그러나 이 선언 전까지 거리의 분위기는 이번 촛불항쟁이 만들어낸 광장의 분위기와 커다란 차이가 있었다. 당시 거리에서의 시위는 전투경찰을 앞세운 정권의 강력한 탄압에 직면하기 마련이었고, 이번 촛불항쟁의 경우처럼 비교적 안정적인 공간에서 진행될 수 없었다. 따라서 6월항쟁 기간 내내 거리 곳곳에서 결집과 해산을 반복하는 게릴라식의 시위가 반복됐다.

약 3주에 걸친 6월항쟁의 전 기간 동안 시민들이 자신들의 공간을 확보한 것은 6월 10일 밤부터 15일까지 진행되었던 명동성당 농성이 유일했다. 그러나 그 공간을 휘감고 있던 공기도 해방감과는 거리가 먼 것이었다. 명동성당은 6월 10일 밤 시민들이 들어간 이후 얼마 지나지 않아 경찰들의 몇 겹에 걸친 포위망에 갇혔고 성직자를 제외한 일반 시민들의 출입은 엄격하게 통제되었다. 그 공간은 극히 제한적인 것이었고, 명동성당 내의 분위기는 경찰이 언제 강제진압을 시작할지 모른다는 긴장감에서 벗어날 수 없었다. 명동성당 농성장은 자유로운 광장이라기보다는 투쟁의 최전선이었다고 하는 것이 더 적절한 설명일 것이다. 즉 6월항쟁 때 거리에 뛰어들었던 사람들은 항상 포위되어 있고 쫓기고 있다는 불안감에서 벗어나지 못했다.

6월항쟁 시기에 진행된 시위 중 이번 6월 10일의 촛불 대행진과 가장 많은 유사성을 가지고 있는 것은 87년 7월 9일 시청 앞 광장에서의 집회와 시위라고 할 수 있다. 6월 항쟁이 6·29 선언을 계기로 마무리 단계로 접어들고 있었

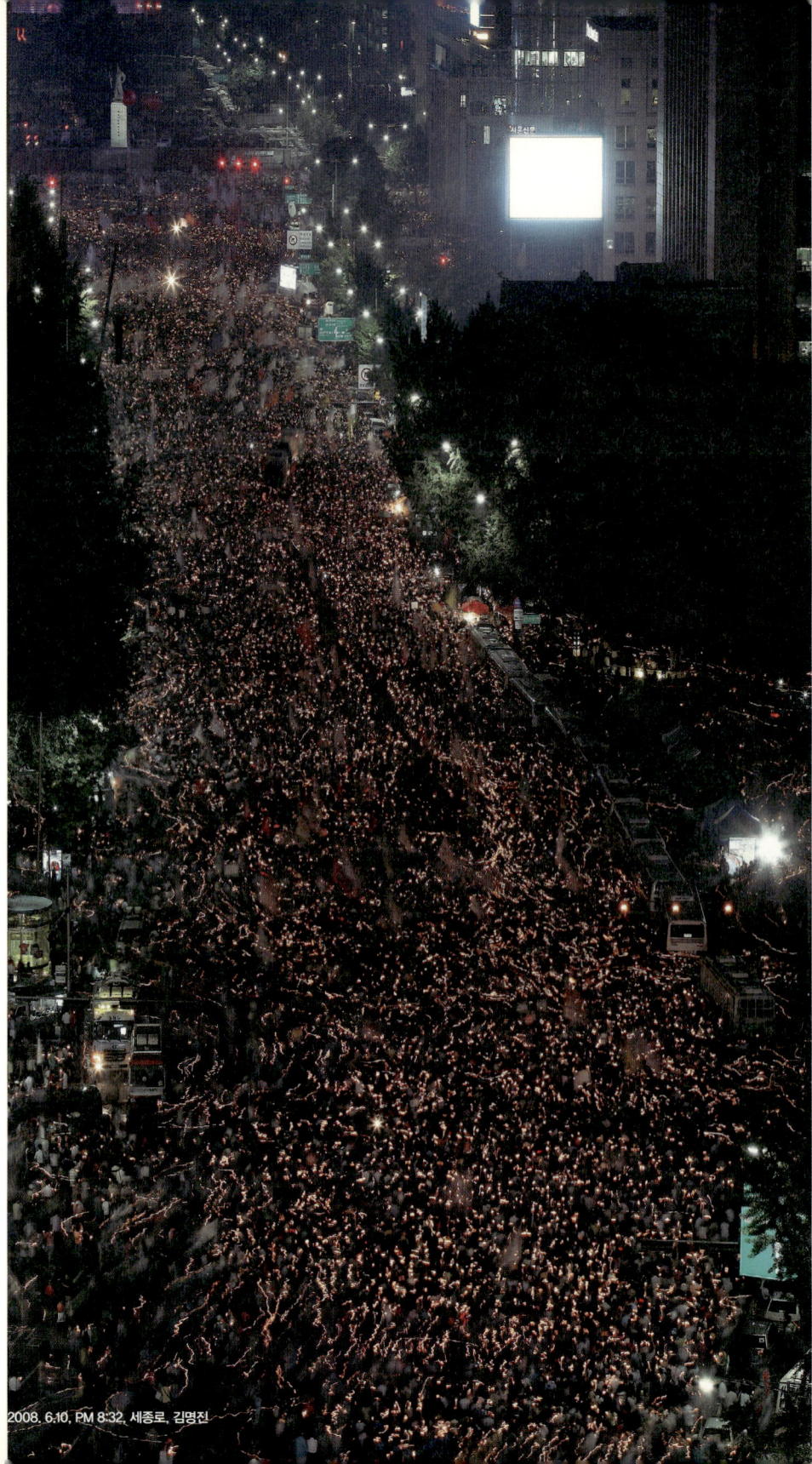

2008. 6.10, PM 8:32, 세종로, 김명진

던 그날 연세대에서는 한 달 전인 6월 9일 학내 시위 도중 최루탄에 맞아 사망한 이한열 열사의 영결식이 치러졌다. 열사의 운구가 시청 앞 광장에 도착하였을 때 열사를 떠나보내기 위한 수십만 명의 시민이 자발적으로 광장에 모여 들었고 생각지도 못한 시민들의 자유로운 공간이 만들어졌다.

그러나 이한열 열사의 운구가 광주로 떠난 후 광장에 있던 그 누구도 광장에서의 열기를 정치적 축제로 발전시킬 수 있는 준비와 역량을 가지고 있지 못했다. 대열의 앞에 서 있던 당시 서울 소재 대학들의 학생회장단이 광장의 열기를 시국토론회와 같은 방식으로 발전시키려는 시도를 하기도 했지만 중앙에서 이를 이끌어갈 수 있는 기본적인 방송 설비도 없었다. 그리고 시민들 내에서도 이러한 공간을 자신들의 공간으로 만들어갈 수 있는 자발성과 네트워크가 존재하지 않았다. 결국 혼란을 거듭한 끝에 시위 지도부는 "청와대로 가자"는 구호를 외치고 시위 대열을 광화문 네거리 방향으로 이동시켰다. 대열의 선두 부분이 시청 앞을 떠나 광화문 네거리로 다가서자 이를 저지하던 경찰이 대열을 향해 최루탄(당시 지랄탄이라고 불리는 다연발 최루탄)을 발사하였고 수많은 시위 군중은 순식간에 해산되었다. 15분 정도의 시간이 흐른 뒤 거리에 산더미처럼 쌓여 있던 신발들만이 당시 주인들이 사라진 광장의 허망함을 대변하고 있었다.

갑작스럽게 열린 공간은 그렇게 신기루처럼 사라졌다. 당시 시청 앞 광장의 상실은 1987년 7월 이후 다양한 거리의 의제가 무대 뒤로 밀려나고 대통령 후보자들이 중심이 되는 선거국면으로 진입하는 전환점이었다. 그런 의미에서 이번 촛불항쟁은 역사적으로 볼 때 상실된 광장을 다시 민중들의 것으로 만들기 위한 외침과 실천이었다.

청와대 홈페이지를 다운시킨 민심

100만 촛불대행진이 열리기로 한 6월 10일, 그날은 오전부터 긴장감이 고조되었다. 우선 이날 아침 국무총리가 대통령에게 내각총사퇴 의사를 밝혔다. 이는 당시 사태가 얼마나 긴박하게 돌아가고 있었는가를 보여주는 움직임이었지만, 다른 한편 6월 10일 촛불대행

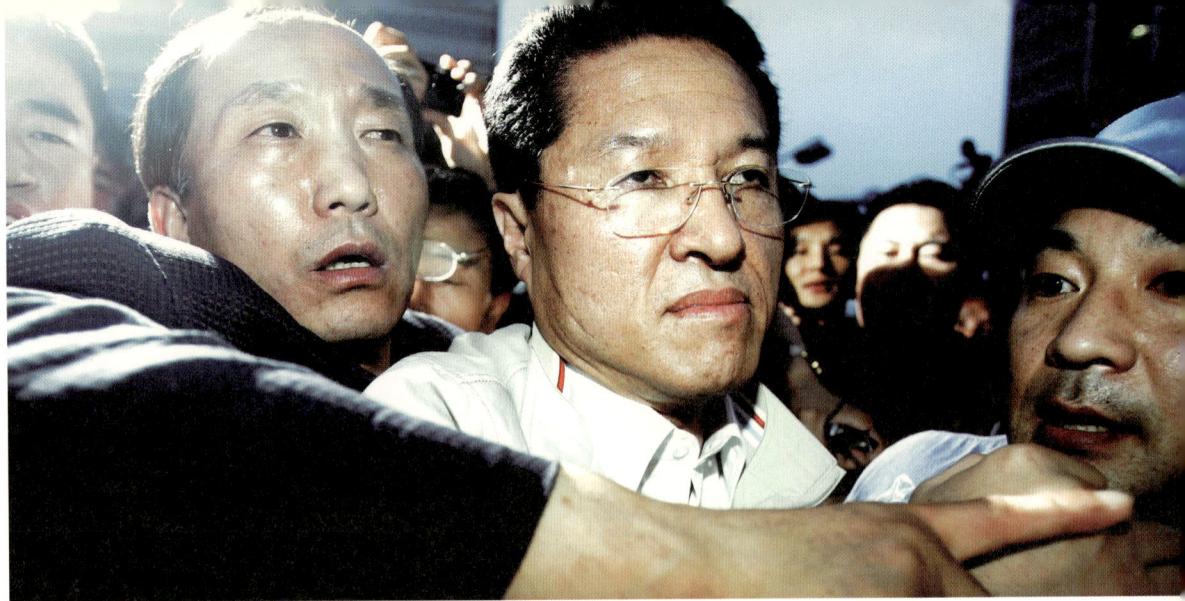

2008. 6.10, PM 8:16, 광화문, 김종수

진의 분위기를 조금이라도 가라앉히기 위한 정치적 술수이기도 했다.

그러나 이미 국민들의 신뢰를 상실한 이들의 정치적 제스처가 시민들의 결심을 약화시킬 수는 없었으며 100만 촛불대행진을 성사시키기 위한 각계각층의 다양한 행사와 선언이 이어졌다. 마치 1987년 6월항쟁 당시 각계에서 시국선언이 이어지던 상황과 같았고 이러한 분위기에서 100만 촛불대행진의 성공적 개최는 확실시되어 갔다.

연세대 이한열 열사 21주기 추모기획단은 이 열사의 어머니 배은심 씨 등 300여 명이 참여한 가운데 국민장을 재연한 뒤 촛불대행진에 합류했다. 박종철 기념사업회 회원 100여 명도 '박종철 기념관' 개관식을 연 뒤 광장에 나왔다. 진보인사 669명은 서울 향린교회에서 6·10항쟁 21주년 기념식을 열고 미국산 쇠고기 수입 협상, 대운하 건설, 공교육 자율화, 공공부문 민영화 등에 반대하는 '6월 선언문'을 발표했다.

종교계도 잇따라 시국선언문을 발표했다. 실천불교전국승가회와 불교환경연대 등 21개 불교단체들은 이날 오후 6시 서울 종로구 견지동 조계사에서 '6·10 21돌 기념 광우병 쇠고기 수입 전면 재협상 및 운하 백지화 촉구 법회'를 열고 108배를 한 뒤 서울광장까지 행진했다. 한국기독교협의회와 전국목회자정의평화실천협의회, 대한성공회정의평화사제단, 한국기독교청년회 등도 각각 시국선언문을 발표했다. 전국 여성단체들도 이날 오후 광화문 파이낸셜빌딩 앞에서 '6·10 100만 촛불대행진 여성선언' 행사를 열었다.

노동계도 거리로 나왔다. 민주노총은 오전부터 거리를 돌며 차량 홍보를 했고, 이날 상경한 1만여 명의 금속노조 지역 간부들은 오후 4시 서울 마포구 한국경영자총협회 회관 앞에서 집회를 연 뒤, 촛불대행진에 함께했다. 9~10일을 '사무노동자 행동의 날'로 정한 사무금융연맹 2만여 명의 '넥타이 부대'도 오후 6시부터 덕수궁 대한문 앞에서 집회를 열었다. 보건의료노조는 보건복지가족부에 '광우병 쇠고기로부터 국민 건강을 지키기 위한 5대 공개질의서'를 보낸 뒤 병원 근무복 차림으로 이날 촛불대행진에 나왔다. 전교조는 오후 4시부터 서울 보신각에서 '6·10 교사 행동의 날'을 선포한 뒤 서울광장에 합류했다.

그리고 마침내 저녁 7시 30분 서울 광화문 네거리 앞에서 〈임을 위한 행진곡〉이 울려퍼지며 촛불문화제가 시작되었다. 집회가 시작된 직후 갑자기 정운천 농림수산식품부 장관이 집회 현장에 나타났다. 그러나 이미 '재협상 불가'라는 원칙에서 한 발자국도 나가지 않던 정부의 책임자에게 들을 말이 없다고 판단한 시민들은 '매국노'라는 구호로 응했고 그는 광장을 떠날 수밖에 없었다. 그리고 국민들의 의지는 바로 누구도 상상할 수 없었던 방법으로 청와대와 정부에 전달되었다.

촛불대행진 행사의 사회를 맡은 박원석 대책회의 상황실장이 "지금 많은 인터넷 언론들이 오늘 현장을 생중계하고 있습니다. 네티즌들이 현장에는 참여하지 못하지만, 성원을 보낸다는 의미에서 지금 이 시간 청와대 홈페이지에 동시에 접속해 다운시켜버립시다"라고 말하자 몇 초도 지나지 않아 청와대 홈페이지가 실제로 다운되었다. 광장의 시민들과 현장에 참여하지 못하지만 인터넷을 통해 촛불대행진 행사의 진행을 지켜보던 시민들은 서로의 마음이 하나임을 확인하는 찰나의 기쁨과 전율을 느낄 수 있었다.

이때 다운된 청와대 홈페이지는 밤 10시가 넘어서면서 메인 화면이 뜨기 시작했는데, 실제로는 아무런 메뉴도 선택할 수 없는 그림파일이라는 사실이 누리꾼들에 의해 적발되었다. 누리꾼들은 청와대의 '위장 홈피'를 순식간에 퍼날랐다. 아이디 '불량중년'은 다음 아고라에 "청와대 홈피 메뉴가 전혀 클릭이 안 된다. 인생이 위장인 대통령은 홈페이지도 위장하냐"고 비꼬았다. 한 누리꾼(guzz)은 "청와대 홈페이지가 통째로 이미지다. 발등에 떨어진 불만 끄고 보자는 현 정부의 일처리 방식과 똑같다"고 조롱했다.

명박산성 바깥쪽에 해방 공간을 열다

6월 10일의 백미는 광화문 네거리에 2층으로 쌓여진 컨테이너 장벽을 '명박산성'으로 명명한 것이다. 대규모 도심 촛불시위가 예정된 10일 아침, 서울 광화문 네거리에서 광화문으로 향하는 차로가 대형 컨테이너 박스로 차단되었다. 경찰은 이를 위해 오전 1시께부터 세종로 이순신 장군 동상 앞 도로에 컨테이너 박스 20여 개를 동원해 차벽을 설치했다.

컨테이너를 쌓은 사실이 알려지자 우선 누리꾼들은 "악의 축처럼 생각되는 전두환도 세종로를 컨테이너 박스로 막진 않았다" "컨테이너 안에는 백골단이 잠복근무 중일 것이다" 등의 갖가지 풍자와 조롱으로 대응했다. 컨테이너를 시위대가 넘어뜨릴 수 없도록 용접해놓은 것을 보고 '용접명박'이라는 새로운 애칭도 등장했다. 그리고 한 누리꾼은 "소통의 정부, 이것이 MB식 소통입니다" "이것은 국보 O호로 지정된 명박산성입니다" 등의 문장이 담긴 펼침막을 합성한 사진을 올렸다. 집회가 시작되기도 전에 컨테이너 장벽은 '명박산성'이라는 이름으로 불리기 시작했다. 집회에 참여한 시민들은 더 이상 포위되어 있지 않았고 포위를 걱정하지도 않았다. 이명박 정부가 시위대의 청와대 진출을 우려하여 막은 장벽은 시민들의 창조적 호명을 통해, 산성에서의 농성을 선택하여 스스로 고립을 자초한 이명박 정부와 산성을 포위하고 거리와 광장에서 주체로 등장한 시민들을 구별 짓는 구조물이 되었다.

이러한 공간적 재배치가 갖는 의미는 간단한 것이 아니다. 그동안 역사적으로 민중들의 대중적 시위에서 민주적 공간을 상징했던 것은 바리케이드와 같은 것이었다. 그러나 이러한 바리케이드의 설치는 새로운 진전을 상징하기보다는 대중운동이 한계에 직면한 상황에서 출현한 경우가 많았다. 바리케이드는 결사항전의 태도를 보여주는 것이기는 하지만 더 이상의 확장이 어렵다는 것을 자인하는 것이기도 했다. 따라서 바리게이드의 등장은 대부분 승리를 향한 열정보다는 현재의 승리 대신 역사라는 재판장에 자신을 던지는 선택

2008. 6.10. PM 10:39, 광화문, 박승화

이었다. 그러나 이번 촛불시위는, 그리고 6월 10일의 시위는 '명박산성'을 매개로 자신을 제한된 공간에 가두는 것이 아니라, 그 확장성과 개방성을 유감없이 과시하였다. 이제 갇힌 것은 민심과의 소통을 포기한 이명박 정부이며 산성 밖의 거리는 해방의 공간이 되었다.

명박산성이라는 호명을 통해 거리는 단순히 투쟁의 공간이 아니라 시민들이 자유롭게 자신의 의사를 표현하는 열린 광장으로 변화했다. 열린 광장은 투쟁의 공간만이 아니라 다양한 계층, 연령이 주체로 등장하고 이들에 의해 다양한 퍼포먼스가 진행되는 해방의 공간이 되었다. 6월 10일 촛불대행진이 마무리된 이후 광장의 곳곳에서 토론회와 퍼포먼스가 이어졌다. 시위대의 전진이 어려운 곳에서는 즉석에서 자유토론의 자리가 마련되었고, 조선일보사 앞에서 〈조선일보〉의 왜곡보도를 규탄하는 토론회가 열렸으며, 종각 주변에서는 도로의 중앙선을 촛불로 밝히는 퍼포먼스 등의 다양한 실천이 밤새도록 진행되었다. 자동차가 쌩쌩 달리던 도로의 모습은 이미 사라지고 없었다. 신명난 사람들이 자유를 만끽할 따름이었다. 보도블록에 앉아 다정히 얘기를 나누던 한 연인이 남긴 "앞으로 이거(시위) 끝나도 매주 주말마다 여기 개방해주면 좋겠다"는 말은 단순히 개인적 감상의 표현이 아니라 열린 광장이 주는 해방감에 대한 갈구를 표현할 것이 아니었을까?

'스티로폼 논쟁'의 성취와 남은 문제

6월 10일 자정경부터 명박산성 앞으로 대형 스티로폼이 운반되기 시작하였고, 스티로폼이 차곡차곡 쌓이며 발언대가 만들어졌다. 이는 컨테이너쯤은 언제든지 넘어설 수 있다는 것을 전달하기 위한 퍼포먼스로 준비된 것인데, 시민들 사이에서 스티로폼을 이용하여 실제로 컨테이너를 넘어가자는 주장이 제기되면서 스티로폼 논쟁이 시작되었고 이 논쟁은 6월 11일 새벽까지 계속되었다.

스티로폼을 쌓아 컨테이너를 넘는 시도를 할 것인가를 둘러싼 논쟁은 결국 새벽 5시를 넘어서 컨테이너 박스 위에 깃발만 꽂는 것으로 결론이 내려졌다. 안전 문제를 염려하면서 비폭력을 주장했던 시민들과 컨테이너를 넘어서는 것으로 투쟁의 수준을 높이자고 주장했던 시민들 사이에 절충이 이루어졌던 것이다. 새벽 5시 5분, 행사 단체 회원과 시민 10여 명이 컨테이너 위에 올라가 태극기와 대학 깃발 등을 흔들었다. 시민들은 깃발이 컨테이너에 오르자 찬성 쪽, 반대 쪽 가릴 것 없이 환호성을 질렀고 〈애국가〉와 〈광야에서〉 등을 불렀다. 깃발을 든 이들도 10분 남짓 깃발을 흔든 뒤 자발적으로 컨테이너를 내려오기 시작했다. 시위대는 컨테이너 앞에 대형 펼침막도 걸었다. 펼침막엔 '소통의 정부, 이것이 MB식 소통인가'라고 적혀 있었다. 이 스티로폼 시위는 시민들이 참여와 토론을 통해 다양한 주장을 합의해가는 광장 민주주의의 전형이었다 해도 과언이 아닐 것이다.

그러나 이 논쟁은 촛불항쟁이 직면한 딜레마, 그리고 마지막까지 해결하지 못한 딜레마를 상징했다. 핵심적인 문제는 과연 우리가 광장에서 무엇을 할 수 있을 것인가이다. 컨테이너를 넘어서고자 하는 사람들은 광장에서 우리끼리 모여 있는 것만으로는 변화와 성취를 이루어낼 수 없다고 생각했기 때문에 명박산성을 넘어야 한다고 주장한 것이었다. 반면 광장에 머무르고자 했던 사람들은 비폭력노선의 견지가 촛불시위의 정당성을 지켜주는 것이며 컨테이너를 넘어선다고 해서 어떤 실질적인 변화가 이루어질 수 없다고 판단하였다. 이러한 입장이 당시 비교적 많은 시민들의 동의를 얻었으나 과연 광장에서 무엇을 성취할 것인가에 대한 분명한 전망은 만들어지지 않았다.

실제로 이후 촛불항쟁 기간 내내 명박산성 주변에서의 공방전은 시간과 공간을 달리해 계속 이어졌다. 하지만 컨테이너를 확실히 넘어서지도 못하고 또 광장을 새로운 민주적 공간으로 발전시키지도 못하는 이러한 교착상태를 마지막까지 벗어나지 못했다. 새로운 촛불이 켜질 때까지 이 문제에 대한 답을 찾는 것, 그것이 우리에게 과제로 남았다.

이남주

주로 인터넷을 통해 지켜보다 6월 들어 집회에 나가기 시작했다. 스피커를 통해 흘러나오는 노래를 속으로 따라부르며 시청 주변을 홀로 배회하고 다녔다. 〈임을 위한 행진곡〉과 같은 노래를 따라부르며 걷는 다른 사람들을 보면 왠지 20년 전에도 같이 거리에 있었을 거라는 느낌이 들었다. 돌이켜 생각하면 구체적인 어떤 사건보다는 그처럼 많은 사람들이 모여 자신의 의견을 표출하는 광경 자체가 가장 기억에 남는다. 이러한 에너지가 우리 사회를 실질적으로 변화시킬 수 있는 방법을 찾아가는 것이 촛불항쟁을 겪은 우리 모두의 과제일 것이다. 성공회대학교 중어중국학과에서 학생들을 가르치고 있다.

2008. 6.10, PM10:50, 태평로, 김명진

2008. 6.10, PM 9:19, 덕수궁 앞, 김정효

어둠은
빛을
이길 수 없습니다
130

2008. 6.10, AM 5:05, 광화문, 김종수

촛불과 시민권에 대한 성찰

_차병직

시민권이라고 표현해도 이제 웬만한 사람들에겐 결코 낯선 어휘가 아니다. 국민 개개인의 민주적 감수성이 그만큼 민감해졌다는 의미다. 그런데 우리가 시민권이란 말을 사용할 때 그 안에는 어떤 내용을 담고 있는가? 사실 시민권은 학문적으로나 사회적으로 확립된 용어는 아니다. 지금의 인권 개념에 상응하는 지난 세기 미국의 민권도 아니고, 자연권이나 헌법적 기본권 또는 저항권에 해당하는 권리도 아니다. 아마도 시민사회라는 개념이 정치적 논의의 중심에 진입하면서 통용되기 시작한 어휘 같다.

촛불, 시민권 행사의 중요한 상징이 되다

그렇다면 시민권은 이렇게 정의할 수 있다. 자신이 속한 사회의 갈등과 모순에 관심을 갖는 사람들이 그 문제의 해결과 발전적 변화를 목적으로 행사하는 정치 참여의 권리다. 언론에서나 광장에서 인권이나 기본권 대신 시민권을 외치면서도 소통에 지장이 없는 이유는, 민주화시대 이후 등장한 시민사회에 대한 공통된 인식이 배경으로 깔려 있기 때문이다. 그리고 시민권이 겉으로는 추상적 권리의 성격을 띠고 있기 때문이기도 하다.

2008년 한국 시민정치의 광장에서 촛불은 미학적 탐구나 자연과학적 분석의 대상이 아니다. 전기 대용품으로서의 실용성이나 거대한 반복적 불빛의 군무가 연출하는 아름다움이 관심을 끄는 게 아니다. 그런 면이 전혀 없지는 않지만, 정치 현실에서 그 미적 가치는 거의 환상에 가까운 것이다.

촛불은 시민권을 행사하고 그 효과를 극대화하는 데 적절한 수단이었을 뿐이다. 덤으로 꽤 의미심장한 상징적 징표의 지위를 획득하기도 했다. 한둘의 촛불은 제례나 실내를 장식하는 효과를 가지지만, 다수의 촛불은 이제 한국 시민사회의 강렬한 저항의 몸짓을 나타나게 됐다.

권리의 성격에 대한 이론적 논란에도 불구하고, 시민권으로서 표현의 자유나 집회의 자유는 자연권적 성질을 강하게 지니고 있다. 헌법이 보장하기 때문에 비로소 현실적 권리가 된 것이 아니라, 헌법 또는 국가 이전에 그것은 개인의 권리로서의 의미와 형태를 갖추고 있었다고 해도 무방하다는 것이다. 정치적 의사 표현을 위한 언론이나 집회의 자유권은 국가와 정부가 보장하기 이전에, 혹은 아무리 양보하더라도 최소한 국가나 정부의 성립과 동시에 생기는 것이다. 공동체의 일원으로서 개인의 정치적 권리는 사회를 구성하는 순간 형성되고, 그 권리를 전제로 국가와 정부가 정당성을 얻을 수 있기 때문이다. 그래서 영국으로부터 독립을 선언한 미국이 수정헌법 그 첫 번째 조항에 연방의회는 표현의 자유와 집회의 자유를 제한하는 법률을 제정할 수 없다고 못 박은 것이다. 우리 헌법도 규정의 형식만 다를 뿐 근본적 취지는 동일하다. 언제나 필요하면 제한할 수 있다는 예외를 사실상 원칙화하고 있어 곤란할 뿐이다. 어떤 자유주의 국가든 무제한의 기본권을 보장하는 곳은 없다. 하지만 원칙과 예외를 인식하고 구분하는 방식에 따라 구체적으로 실현되는 권리의 양상은 크게 달라진다. 헌법에 표현되어 있는 대로, 간선도로의 집회건 야간의 집회건 제한할 이유와 근거는 애당초 없다. 집회 행위가 다른 헌법적 권리를 침범할 때 그 행위에 상응한 제재를 가하면 된다. 그런데 우리의 집시법은 어떤가. 신고제를 사실상 허가제로 운용하고 있는 편법적 현실에서 비롯하는 결과는 헌법적 권리를 집시법이란 이름의 법률 안에서만 논의하도록 권리의 차원을 끌어내리고 말았다.

앞에서 정의한 대로라면, 시민권은 자연권적 성격과 실정법적 권리의 성격을 아울러 지니고 있다. 편의상 전자를 추상적 권리라고 부른 것이고, 따라서 후자는 구체적 권리라고 할 수 있다. 추상적 권리는 아주 특별한 상황에서 실정법의 규정에 관계없이 행사할 수 있다. 구체적 범위를 명확히 말하기는 곤란하지만, 그 한도 내에서는 다소 실정법을 위반했더라도 정당화될 가능성이 있다. 권리의 본질과 현실의 필요성이 적절히 융합하여 실정법의 모순과 한계를 드러내는 차원에서 정치적으로 용인될 수 있다는 의미다. 단지 일시적 실정법 위반이 어느 범위에서 정당화될 수 있는가는 행동의 시민적 정당성을 얼마나 획득하는가에 달려 있다.

정치운동으로서의 촛불집회가 핵심이고, 본질이다

우리 현실의 그런 사정에도 불구하고 촛불집회는 시민권 본연의 성격을 살려내는 데 성공했다. 실정법의 규정에 크게 구애 받지 않고 행동함으로써 권리의 본성과 현실의 경계에 의문을 제기했다. 문화제를 구실로 장애물을 피해 가든, 위법 행위에 대해 책임을 떠안든 그것은 다음의 문제다. 그리고 다수의 다양한 시민이 연대하여 현실의 문제와 변화에 대한 관심을 충분히 표현하였다. 정부도 놀라고, 해외에서도 놀라고, 스스로도 놀랐다. 그리고 상당한 가능성과 불투명한 앞날을 함께 열어놓은 채, 어느 순간 촛불집회는 멈추었다.

촛불집회의 전개 과정과 종료 후의 평가 작업에서 두드러진 현상 중의 하나는 과도할 정도의 상찬 일색이었다. 물론 정부의 입장에 서서 집회의 위법성을 맹렬하게 비난한 법실증주의적 비판을 제외하면 그렇다는 말이다. 뚜렷한 구체적 성과를 남긴 것도 아닌데 그토록 찬사를 보낸 경우도 찾아보기 힘들 것이다. 그것도 대체로 학자들의 말과 글이 촛불집회를 찬란하게 장식하였다. 현란할 정도의 수사로 장식한 전문가들의 평가는 과연 실체가 무엇일까. 촛불집회에 참석한 시민들에 대한 격려와 위로의 덕담 외에 또 무엇을 담고 있는가. 구체적으로 우리에게 미래의 방향을 제시하고 있는가.

촛불집회의 진정한 의미와 가치는 정치적 목적을 잃지 않아야 살아난다. 단순히 문화행사라든지 순수한 목적의 이벤트라고 변명한다면, 장기간의 촛불집회는 과도한 축제요 무질서한 운동회라는 냉정한 비판을 받을 수밖에 없다. 오직 구체적 정치 현안에 대한 문제를 제기하고, 그 관철을 위한 행동으로 나선 것이라고 해야 정당성을 부여받는데 더 유리하고 떳떳할 것이다. 초중고생이나 유모차 부대의 참여의 의미를 부각하기 위해 정치 행동의 진의를 가리거나 희석할 필요가 없다. 어린아이들이나 학생의 참여는 그 성격의 범위 내에 합당한 해석과 의미를 부여하면 된다. 촛불집회의 스포츠화나 축제화가 행동의 부분적 위법성을 정당화하는 데 도움이 되지 않는다. 목적적이고 정치적인 행동일 때 촛불집회는 계속 의의를 가지게 된다.

집회를 개최하고 계속하여 진행해 나가는 데 동력이 된 중요한 쟁점의 하나는 광우병이었다. 하지만 촛불집회에 대한 사후평가에서도 똑같은 비중으로 다루어야 하는지 다시 생각할 필요가 있다. 현재까지의 경험과 과학적 판단을 근거로 할 때 광우병은 조만간 닥칠 재앙의 역질이 될 현실의 위험도 있고, 반면에 실제로는 현존하지 않는 정치적 질병에 불과한 것일 수도 있다. 하지만 어느 쪽이 진실에 더 가깝더라도 운동으로서 촛불집회의 본질에는 큰 영향을 미치지 못한다. 정치운동은 분명한 목적을 가질 수밖에 없는데, 운동을 촉발하는 매개는 주체가 얼마든지 선택하고 집중할 수 있기 때문이다. 상황에 따라 전략적으로 가능성이 낮거나 비중이 커 보이지 않는 쟁점을 선취하여 일시적으로 부각시킬 수 있다는 말이다. 광우병 너머에 있는 정부의 독단적이고 비민주적 태도를 질타하는 목적만으로도 촛불집회의 의미는 감소하지 않는다. 그러므로 촛불집회를 평가하는 데 굳이 광우병 위험의 현실성이나 발병의 확률에 집착할 이유가 없다. 오히려 하나의 전략적 수단에 대한 과도한 미련은 정치적 목적을 달성하는 데 방해가 될 경우도 있다.

촛불집회와 같은 직접행동은 우선 정치적으로 반대 의견을 가진 쪽의 진행을 저지하는 힘을 보여주는 데는 성공한다. 그런데 거기서 그치지 않고 자신들이 원하는 방향으로 끌고 갈 힘까지 발휘할 수 있으리라는 기대에는 그리 부응하지 못한다. 원하는 방향으로 간다는 것은 바로 사회의 변화를 의미한다. 올바른 방향으로 사회가 변화하는 데 진력하는 행동에 붙일 수 있는 이름이 바로 진보다. 시민의 직접행동은 보수의 목적으로도 진보의 목적으로도 사용될 수 있다. 사회의 변화를 바라느냐 유지를 바라느냐, 변화를 바란다면 새로운 가치와 환경으로 나아가는 방향이냐 과거의 유산과 현재의 재산을 고스란히 짊어지고 가는 방향이냐에 따라 이름이 달라질 따름이다.

촛불의 아름다움을 넘어서, 촛불의 권리가 나가야 할 구체적 길을 모색해야

촛불의 권리는 추상적이다. 추상적인 권리는 아름답기는 하지만 손아귀에 쥘 수 있는 것은 아무것도 없다. 대신 상징적 힘을 가지고 있기 때문에 구체적 권리를 획득하는 데 충분히 활용할 수 있다. 이 땅에서 정치적 목적을 실현하기 위해 동원할 수 있는 시민권은 구체적 권리다. 구체적 권리는 그 내용의 목록까지 확인이 가능하다. 하지만 헌법과 법률의 범위 내에서만 실현할 수 있는 권리다. 구체적 권리를 향유하는 데에는 반드시 책임이 따른다.

촛불집회를 평가하는 전문가들이 애써 외면하고 있는 부분도 바로 책임이다. 촛불집회는 헌법적 저항권의 발동이었는가, 아니면 시민불복종의 행동이었는가, 혹은 그 자체로 모두 정당한 구체적 시민권의 행사였는가. 헌법적 저항권이었다면 목적은 혁명일 수밖에 없고, 혁명의 성공 여부에 따라 논공행상되거나 처벌받을 것이다. 정당한 시민권의 발동이었다 하더라도, 의도하지 않게 타인에 끼친 손해는 배상하고 불가피하게 행한 실정법 위반 부분에 대해선 대가를 받아야 한다. 시민불복종이라고 주장한다면 기꺼이 비폭력 무저항주의의 자세로 부당한 법의 개폐까지 요구하며 자발적으로 체포되어야 옳다. 이런 원칙적 문제까지 면밀히 검토하여 평가해야 가슴속에 남겨둔 불씨를 언제든 다시 사용할 수 있다.

이런 몇 가지 문제만 훑어보더라도, 지금까지의 촛불집회에 대한 다각적인 분석과 평가가 제대로 이루어졌는지 의심스럽다. 숱한 평가자들의 결론은 대체로 대의제 민주주의의 위기를 개탄하는 내용이다. 그런데 학문의 세계는 그 위기에 어떻게 대처해왔는가. 철학이 자연과학과 인문학으로 분화한 뒤에 현실의 필요성이란 명분에서 사회과학으로 등장한 정치학, 사회학 그리고 경제학 같은 근대 학문이 민주주의에 기여한 것은 무엇인가. 우리의 학자들은 과거가 아니라 현재의 촛불 정국에 솔깃한 대안이라도 내놓은 적이 있는가. 시민권이 발동되는 역사의 현장을 구경하고 감상할 줄만 알았지, 정확히 평가하고 다수가 수긍할 만한 지침이라도 제시할 수 있는 능력을 보여준 일이 있는가.

자신의 자유와 권리의 실현을 원하는 개인에게 정부란 광우병보다 더 위험하고 귀찮은 존재일 수 있다. 하지만 누구나 추상적 권리를 꿈꾸다 구체적 권리로 접근하게 된다. 추상적 권리가 매력적인 것은 그것이 항상 구체화된다는 보장이 없는 이상적 권리의 속성을 지니고 있기 때문만은 아니다. 추상적 권리는 모든 개인에게 정치적 의식의 자각을 촉구하기에 우리에게 힘이 된다. 그것을 바탕으로 책임질 수 있는 구체적 권리의 영역으로 어떻게 진입할 것인가? 촛불집회는 어떤 경우에도 필요할 때마다 계속 열릴 것이기에, 근본적인 물음에 대한 대답을 늘 궁리하고 있어야 한다.

차병직

광장의 구석에 서서 바라보기도 하였고, 차를 타고 지나친 적도 있었다. 가장 많이 한 일은 100일 동안의 행동에 대하여 쓴 글 읽기와 참여한 사람들의 이야기 듣기였다. 미래를 위한 명료하고 희망적인 결론은 어렵겠구나 하는 감상이 들었다. 오직 주관적 판단으로, 가장 경청할 만한 평가를 보여준 예는 지난 가을 세교연구소 포럼에 토론자로 나선 변호사 백승헌의 발언이 아닐까 싶다. 변호사이자 참여연대 정책자문위원장이며 고려대와 이화여대 겸임교수로 있다.

7

진화

함께 살자 대한민국! 쇠고기에서 공공성으로

_오건호

6월 11일 ~ 6월 24일

　　6월 10일을 지나면서 촛불은 국민적 운동으로 성장했다. 처음 촛불을 밝혔던 여학생들부터, 아이들의 장래를 걱정하는 주부들, 지금은 중년이 된 1987년의 주역들이 한자리에 섰다. 21년 전에는 종로 거리에 가까이 갈수록 긴장감이 돌았는데, 이번에는 시민 광장을 그리는 설레임으로 뭉클거렸다. 이전에는 스크럼과 최루탄을 주고받으며 전경들과 일진일퇴를 벌였지만, 이번에는 시민들끼리 서로의 발랄함과 재기를 뽐냈다. 과거에는 시청 앞 광장이 전장(戰場)이었으나 현재는 축제의 장이었다.

교육·의료·물·대운하·공기업 등으로 의제를 넓혀간 촛불

　　또 중요한 변화가 있었다. 촛불은 새로운 요구를 안고 있었다. 이전에는 권위주의 정권

2008. 6.21. PM 8:26. 서울광장. 강창광

2008. 6.13, PM 10:53, 마포대교, 이종근

어둠은
빛을
이길 수 없습니다

에 맞서 '호헌철폐 독재타도'라는 정치적 구호를 외쳤다면, 이번에는 서민들이 광우병 쇠고기, 0교시 수업, 의료보험, 물 민영화 등 생활의 애환을 이야기했다. 그것은 먹고사는 일과 관련한 민주주의에 대한 좌절과 열망의 표현이었다. 촛불의 진화는 거리에서 보이는 구호와 자유발언에서 확인된다. 그 주제는 이명박 정부가 추진하는 모든 국정 운영 정책을 포괄할 정도였다. 6월 12일 촛불문화제에 참석한 1천여 명의 시민들은 'MB OUT' 글자 모양으로 앉아서 이명박을 거부하는 촛불 글자를 만들어내기도 했다. 촛불이 자연발생적으로 시작되었듯이, 촛불 의제도 광장의 열정을 따라 확산되어 갔다.

"미친 소, 미친 운하 때문에 미치는 국민"
"조중동이 신문이냐! 가져와라! 깔고 앉게!!"
"0교시 할 거면 우리에게 아침 먹고 오란 말을 하지 마라!"
"광우병 걸려 민간의료보험 혜택 못 받거든 대운하에 뿌려다오"
"전기, 수도, 가스 요금 폭등! 시러시러~"

촛불광장은 대한민국 현안이 모두 다루어지는 정치의 한복판, 새로운 시민권력의 장이 되었다. 중요한 것은 의제의 확장이 단지 구호에만 머물지 않고, 시민들의 행동으로 분출되었다는 점이다. 첫 단추는 '공영방송 KBS 사수'였다. 6월 초순 이명박 정부는 KBS 정연주 사장을 교체하기 위한 작업을 추진하고 있었다. 감사원은 KBS에 대한 특별감사를 벌였고, 국세청은 KBS 외주업체에 대한 세무조사를 실시했으며, 마침내 검찰은 6월 13일 정 사장의 소환 방침을 결정했다. 이날은 마침 효순·미선양 6주기 기념일이어서 서울광장에는 3만 명이 모여 있었다. 저녁 9시경 광화문 방향으로 행진할 즈음, "지금 여의도에서 우익 단체들이 촛불 네티즌들을 폭행하고 위협하고 있습니다. 오늘 행진을 마치고 공영방송 사수를 위해 함께 여의도로 가 주실 것을 요청드립니다"라는 제안이 나왔다. 그러자 촛불행진은 '공영방송 구하기'를 위해 남쪽 방향으로 기수를 틀었다. 일곱 개의 지하철역, 길고도 긴 마포대교를 건너 밤 11시 마침내 1만 개의 촛불이 KBS 앞에서 '공영방송 사수'를 외치던 100여 개의 촛불과 합류했다. KBS 전 노조위원장인 현상윤 PD가 무대에 올라 발언했다.

"잘나지도 못한 KBS, 아직도 밥그릇 챙기면서 월급 꼬박꼬박 받아가는 KBS를 지켜주기 위해 오신 촛불들에게 너무 감사하다. …… 절망적이었는데 촛불을 보고 다시 희망이 생겼다. 진정 당당한 방송을 만들도록 노력하겠다."

이어 촛불은 주제를 바꾸어가며 사회적 의제들을 만났다. 6월 16일 40차 촛불대행진은 '공영방송 지키기', 6월 17일 41차 촛불대행진은 '대운하 반대', 6월 19일 43차 촛불대행진은 '의료민영화 반대', 6월 24일 48차 촛불대행진은 '4.15 학교자율화 반대'를 주요 의제로 삼았다. 촛불은 거듭 새로운 길을 열어나갔다.

학생들은 이명박 정부의 학교자율화 조치를 비판했다. 6월 12일 자유발언대에 선 고등학생은 "광우병이 생겨난 것은 좁은 곳에서 육골분 사료를 먹여 키워서 그런 것이고, 지금 학생들도 0교시와 야간자율 학습으로 미칠 지경이다. 사람이든 동물이든 좁은 곳에 가둬두지 말고 넓은 곳에서 평화롭게 지내도록 해달라"고 말했다. 당사자인 학생들이 직접 정부의 교육정책을 비판하고 나선 것이다.

의료보험 민영화는 이명박 정부 출범 때부터 논란이 되었던 의제였다. 이명박 정부는 영리병원 허용, 건강보험 당연지정제 임의화, 민간의료보험 활성화 등 그나마 존재하는 건강보험의 공적 역할을 훼손하는 의료 민영화를 추진하였고, 반대 진영은 미국 시장의료제도의 폐해를 그린 영화 〈식코〉를 전국적으로 상영하며 비판의 목소리를 높여왔다. 제주도에서는 의료영리법인 허용을 둘러싼 주민투표를 둘러싸고 뜨거운 공방이 오가고 있었다. 국민의 건강권을 외쳐왔던 촛불이 '이윤보다 생명'을 향해 나간 것은 어쩌면 자연스러운 행

2008. 6.18. PM 5:45, KBS 앞, 김종수

공영방송 장악 안돼!

KBS 표적감사

국민이 지키는 KBS

은 집회 집단 지성

www.ccdm.or.kr

2008. 6.16. PM 9:54, KBS 앞, 탁기형

진이었다.

이명박 정부의 민영화 정책을 상징적으로 보여주는 것이 물이었다. 당시 '민영화되면 하루 물값 14만 원'이라는 이야기가 돌아다닐 정도로 물 민영화에 대한 국민의 우려는 컸다. 이명박 정부는 지자체별로 이루어지는 지방상수도 관리를 26개 권역으로 광역화하면서 그 운영을 민간에 맡기는 '물산업지원법'을 마련했다. 정부가 나서 시중의 소문이 '수돗물 괴담'이라고 폄하했지만 민간에 위탁되면 사기업 수익을 위해 물값이 오르지 않겠느냐는 일반 시민의 우려를 잠재울 수 없었다.

이즈음 공기업 민영화 문제가 등장했다. 정부는 5월 말에 대대적인 공기업 민영화 방안을 언론에 흘려놓은 상태였다. 305개 공기업에 대한 전면적인 개혁 방안을 마련하였는데, 이중 60여 개 공기업을 민영화하여 60조 원의 재원을 확보하겠다는 구상이었다. 이에 촛불은 이명박 정부의 기간 산업 민영화 정책에 대해서도 비판의 목소리를 내기 시작했다. 가스·전기·철도 등 공공서비스가 민영화되면 요금이 급등하여 서민 가계가 더 어려워질 것이었기 때문이었다.

한국사회에서 시민들이 공기업 민영화에 비판적인 목소리를 낸 것은 의미심장한 일이다. 오랫동안 공기업은 비효율의 상징이었다. 권위주의 체제 아래서 낙하산 인사가 반복되었고, 공기업 노동자들은 '철밥통'으로 불리곤 했다. 시민들은 공기업 운영에 대한 불신을 근거로 공기업을 차라리 민간에 넘기자며 공공부문의 존재 의의 자체를 부정하는 경향을 보여왔다. 하지만 상황이 바뀌고 있었다. 공기업이 당연히 개혁돼야겠지만, 그 방식이 민간 기업에 내맡기는 것은 아니라는 인식이 생긴 것이다. 촛불은 공공서비스에 대한 새로운 인식이 시민사회에서 싹트고 있음을 보여주었다.

한편 촛불은 시민과 노동자의 간격도 좁히기 시작했다. 촉발제는 화물연대 노동자였고, 의료·가스·전기 등 공공서비스 노동자들도 촛불의 훈풍을 맞았다. 화물연대는 촛불 시위 초기부터 광우병 쇠고기 운송 거부를 선언하였는데, 마침 6월 13일 '운송료 인상, 경유가 인하, 표준요율제 시행'을 요구하며 파업에 돌입했다. 이 파업에 대한 시민들의 지지는 놀라왔다.

2008. 6.13, PM, 4:07, 서울광장, 김종수

화물연대 홈페이지에는 "총파업 적극 지지합니다. 국민을 무시하는 이명박 정부가 아주 찍소리도 못하게 우리도 촛불 들고 열심히 하겠습니다(유나)" "화물연대의 총파업은 국민 생존권과 가족 생명을 지키는 투쟁입니다(민소리)" 등 지지 댓글이 쇄도했다. 어느 포털 사이트는 '화물연대 파업 응원 서명'도 벌였다. 당시 언론은 화물연대 파업을 '국민 지지 1호 파업'이라고 불렀다.

KBS 앞 촛불집회에서는 화물노동자가 화답했다. "네티즌과 시민들의 과분한 관심에 감사드린다. 미친 소 문제 간단하다. 재협상하면 된다. 기름값 문제 간단하다. 고통 분담하면 된다. …… 수천 억의 이득을 보고 있는 정유사들은 아무 말도 안 하고 있다. 이제 노동자들은 학익진(鶴翼陣)을 펼치려고 한다. 하나의 날개는 촛불항쟁, 또 하나의 날개는 노동자 대투쟁이다." 이전 같으면 노동자들이 국민경제를 마비시키는 세력이라 지탄받았겠지만, 광우병 쇠고기 문제를 계기로 노동자와 시민 사이에 연대의 싹이 움트기 시작한 것이다.

이윤보다 공공성이 먼저다!

촛불을 보면서 시민들이 마음속에 그린 소망은 무엇일까? 이명박 정부의 학교자율화 정책 반대, 공영방송 사수, 물·의료·가스·전기 민영화 반대를 외치면서 시민들은 무엇을 원하고 있었을까? 촛불이 넓혀간 다양한 의제들을 하나로 포괄하라면 그것은 무엇일까? 바로 '공공성'이다. 1987년 6월이 수십 년 고착되어온 권위주의 체제를 뛰어넘는 정치적 민주화를 분출시켰다면, 이번 6월은 서민생활을 지키는 '먹고사는' 일에 관련한 민주화를 외치게 했다.

시민들은 느끼기 시작했다. 사교육이 판치는 세상에서 가난한 아이들이 성장할 수 없으며, 미국처럼 이윤 수단으로 전락한 의료 환경에서 서민의 건강은 위험에 처해진다는 것을. 물·의료·가스·전기가 재벌 기업의 이윤 도구가 될 수 없다는 것을. 그리고 모두를 위한 기간산업, 공공성을 구현하는 공기업의 합리적인 모습에 대해 고민했다. 뒤늦게 촛불

2008. 6.17, PM 9:40, 서울광장, 신소영

광장에 등장한 비정규직 문제는 일자리 공공성에 관한 것이었으며, 만약 정부가 이때 부동산 부양책을 발표했다면 주거 공공성이 제기되었을 분위기였다.

공공성은 국가가 제공하는 '필수서비스에 대한 사회구성원의 보편적 접근성'으로 정의될 수 있다. 시민들이 의료·주거 등 사회복지, 물·전기·가스·교통 등 공공서비스, 문화·정보 등 소통재들을 공정하고 부담 없이 누릴 수 있어야 한다는 가치를 담고 있다. 하지만 이것들이 시장 이윤 논리에 지배당한다면 그 기대는 실현되기 어려워진다. 공공서비스가 돈벌이 수단으로 전락하는 한, 지불 능력이 충분치 않은 서민들은 서비스 혜택에서 배제당할 가능성이 크기 때문이다.

촛불집회를 통해서 공공성이 제기된 것은 한국 현대사에서 주목할 만한 일이다. 한국은 한국전쟁 이후 냉전의 최전선에 서 있어 어느 나라보다 시장 이데올로기가 강하게 지배해온 곳이다. 태어나면서부터 시장원리를 철칙으로 배워온 사회구성원들이 마침내 '시장과 이윤이 넘보지 말아야 할' 공공성 영역을 선언했다. 한미 FTA 논란에서 '자유화, 시장화, 상품화' 문제를 다소 추상적으로 느꼈던 시민들이 이명박 정부의 국정 운영을 보면서 비로소 '시장의 위험'을 몸으로 인식한 것이다.

MB의 전술적 후퇴 선언

한편 촛불 의제가 확장되고, 촛불집회가 장기화되면서 촛불의 진로를 두고 다양한 논의가 전개됐다. 대책회의는 이미 지난 6월 9일 밤부터 다음날 새벽까지 '촛불시위 이후 한국사회의 미래'를 주제로 밤샘 국민토론회를 개최한 바 있었다. 광우병 쇠고기, 대운하, 교육, 민영화 등을 소재로 한국사회의 민주주의와 미래를 이야기하는 신나는 열린 토론이었다.

토론회는 곳곳에서 자발적으로 이어졌다. 거리집회 중에도 곳곳에서 소규모 토론이 열리고, 새벽 시위를 마친 시민들이 지친 몸을 가누어가며 서울광장의 토론회에 참여하는 모습이 눈에 띄었다. 대책회의는 6월 19일에도 쇠고기에서 대운하, 공기업 민영화 반대 등 의제 확대에 대한 의견을 수렴하기 위한 대국민토론회를 개최했다. 역시 새벽까지 이어진

2008. 6.19. PM 2:02, 청와대, 김종수

어둠은
빛을
이길 수 없습니다

토론회에서 참여자들은 촛불운동의 의제를 쇠고기로 집중할지, 아니면 다양한 사회적 의제로 확대할지를 두고 격론을 벌였다.

촛불이 자신의 의제를 공공성 영역으로 확장해 나간다는 것은 초기 광우병 쇠고기 문제에 대한 항의에서 시작한 시민들의 저항이 한국사회의 개혁을 요구하는 공세적 성격으로 변화해가고 있음을, 그리고 그 방향이 시장화와 상품화를 비판하는 급진적 방향으로 전화해 나갈 수 있음을 보여주었다.

이는 이명박 정부에게 작은 위협이 아니었다. 광우병 쇠고기뿐만 아니라 공공성 의제들이 화두로 제기되면서 시장만능주의에 기초한 국정 운영 자체가 도전받게 되었다. 정부는 이 의제들이 하나의 큰 덩어리로 뭉치는 것을 두려워했다. 의제를 분산시키고 시기를 나누어야 했다.

정부는 집권 초기 시장만능주의 조치들을 전면화하려던 계획을 손질해야 했다. 먼저 물 민영화가 연기되어, 애초 6월 4일 입법 예고될 예정이었던 '물산업지원법'이 보류되었다. 어쩌면 물은 쇠고기보다도 더 서민에게 영향을 미칠 수 있는 기본재이다. 그렇지 않아도 수돗물 안전에 대한 우려가 크고, 돈을 주고 사야 하는 생수에 대한 부담을 경험하고 있는 서민들에게 '물 민영화'는 엄청난 폭발력을 지닌 뇌관일 수 있었다.

공기업 민영화도 뒤로 미루어졌다. 공기업 민영화 계획은 이명박 대통령이 중국을 방문하고 돌아온 직후인 6월 초에 대대적으로 발표될 예정이었다. 대통령 인수위원회 시기부터 민영화는 이명박 정부에게 중요한 정치적 카드였다. 공기업에 대한 시민의 불만이 큰 상황이어서 공기업 개혁은 자신의 정치적 입지를 강화할 수 있는 카드였기 때문이다. 이 과정에서 노동조합이 파업으로 저항하면 반노동조합 여론까지 조성하며 집권 초기에 승기를 잡을 참이었다. 영국의 대처, 미국의 레이건이 그랬듯이 말이다. 하지만 청와대는 눈물을 머금고 이 카드를 잠시 덮어야 했다.

6월 19일 대통령은 두 번째 사과 담화를 통해 물·의료·가스·전기 등 논란이 되는 4개 부문은 민영화하지 않겠다고 발표했다. 공기업 민영화라는 표현도 '선진화'로 바꾸자며 보수세력이 선호하는 '민영화' 용어조차 철회했다. 청와대 뒷산에 홀로 앉아 광화문 촛불집

회를 바라보면서 뼈저린 반성을 했다는 대통령은 미국산 쇠고기도 30개월 미만만 수입하
겠다 하고, 한반도 대운하도 '국민들이 반대하면' 추진하지 않겠다고 밝혔다. 급한 불을 하
나라도 더 꺼야 하는 절박한 국민 담화였다. 다음날 대통령은 청와대 정책실장을 비롯하
여 참모진을 대폭 교체하였다. 이렇게 정부는 광우병 쇠고기로 인해 발생한 수세적 정세를
매듭짓고 새로운 국면을 만들기 위해 수정 전략을 짜고 있었다.

촛불, 과연 어디로 갈 것인가?

　　대부분의 촛불 참여자들은 대통령의 말을 신뢰하지 않았다. 담화가 있던 6월 19일 촛
불집회에 참석하기 위해 수원에서 왔다는 주부는 서슴지 않고 이야기했다. "담화 내용은
언제까지 촛불을 들 것이냐고 국민에게 묻는 것 같았다. 국민이 원하지 않으면 대운하를

2008. 6.19, PM 10:37, 서울광장, 김진수

하지 않겠다고 했는데, 마치 꼭 원해 달라고 하는 것 같았다. 공기업의 선진화? 공기업 민영화는 계속된다. 규제완화, 부동산 완화정책, 영어몰입교육도 계속할 것이다. 가스·전기 민영화 한다 했다가, 안 한다 했다가, 계획 없다고 했다가 계속 말을 바꾸고 연막작전을 펼친다."

이제 촛불의 과제는 이명박 대통령의 정세 전환 전략에 맞서 새롭게 형성된 공공성 의제 전선을 보다 구체적으로 만들어가는 일이었다. 촛불이 자연발생적으로 시작된 만큼 창의성과 역동성을 담고 있었지만, 전략적 판단을 요하는 집중된 기획에는 한계를 지니고 있었다. 그만큼 촛불이 이후 어디로 갈 것인가를 둘러싸고 논쟁이 거세졌다.

6월 24일, 대책회의는 '광우병 쇠고기 투쟁과 촛불운동, 어떻게 승리할 것인가'를 주제로 2차 국민대토론회를 열었다. 이명박 정부가 사실상 광우병 쇠고기 추가협의를 마무리한 상황이라 촛불의 진로를 두고 더욱 격론이 벌어졌다. 쇠고기 재협상을 요구할지, 공공성 문제로 의제를 전면화할지, 그리고 보다 확장된 대책기구를 만들지, 일상생활에서 쇠고기 반대운동을 벌이는 진지전으로 전환할지 등을 두고 다양한 의견이 나왔다.

그만큼 촛불은 진화하고 있었으나 아직 가야 할 곳을 정확히 정하지 못했다. 곳곳에서 대운하·교육·의료·물·가스·전기·언론 등을 주제로 촛불을 밝혔지만 이것들을 하나의 횃불로 모아가기에는 아직 촛불의 주체가 분명치 않았다. 촛불이 넘어야 할 산들은 여전히 높아 보였다.

오건호

주말 촛불집회 때 지인들과 약속을 정해 거리 '야유회'를 가졌다. 주로 시의회 앞에서 모였고, 행진이 시작되면 뒤편에서 불을 밝히는 '일반 시민'이었다. 광화문 대로에 옹기종기 앉아 광장의 해방감을 맛보았고, 곳곳에 흐르는 발랄한 구호들을 듣는 즐거움도 컸다. 돈, 경쟁 등 일상에 눌려 있던 시민들이 누린 이 체험이야말로 촛불이 만들어낸 역사적 자산일 것이다. 현재 사회공공연구소 연구실장으로 있다.

2008. 6.17. PM 08:11, 서울광장, 신소영

어둠은
빛을
이길 수 없습니다
154

촛불을 보면서 시민들이 마음속에
그린 소망은 무엇일까?
이명박 정부의 학교자율화 정책 반대,
공영방송 사수, 물·의료·가스·전기 민영화 반대를
외치면서 시민들은 무엇을 원하고 있었을까?
촛불이 넓혀간 다양한 의제들을
하나로 포괄하라면 그것은 무엇일까?
바로 '공공성'이다.

2008. 6. 22. PM 8:34, 서울광장, 신소영

국가와 자본이 건네준 뜻밖의 선물, '연대'

_김현진

2008년과 이명박 정부, 그리고 촛불 하나를 생각한다. 그리고 그 촛불 하나하나가 켜져서 생전 본 적도 없는 큰 인파를 이뤘던 지난여름을 생각한다. 지금 그 거리에는 '무슨 소리, 그때에는 아무 일도 없었어. 그 모든 것은 너의 환상이야'라고 말하는 듯이 차가 쌩쌩 달리고, 촛불은 간 데 없다. 지금 이대로 한 걸음을 내딛어 광화문 앞 사거리를 무단으로 횡단한다면 도로교통법 위반에 해당할 것이다. 그렇다면 이 경우 범칙금은 얼마나 물어야 할까. 인터넷의 문답 코너에서는 2만 원이라 답한다. 지난 2008년 5월 24일, 첫 가두시위에 참가했다가 얻어맞고 방패에 찍히고 옷이 찢기며 연행된 지인에게도 역시 무단으로 차도에 나서는 위법 행위를 했다 하여 도로교통법 위반 범칙금 고지서가 날아들었다. 그 종이에는 2만 원이 아닌, 200만 원이라는 숫자가 찍혀 있었다. 지인은 분격하여 항소를 하겠노라 했지만 그 광경을 보는 우리가 보기에 그 '2,000,000원'이라는 액수는 단순한 숫자가 아니라 숫자를 이용해 암호문을 적어놓은 것 같았다. 그 암호문을 해독하면 아마도 다음과 같은 의미가 될 것이다.

"야 너, 또 그러면 죽는다."

그 200만 원은 저지른 짓에 대한 대가가 아니라, 국가로부터 날아온 거대한 협박장이었다.

"어이 거기, 말 들으시지. 자꾸 이딴 식으로 하면 재미없어."

"네 주장? 알 게 뭐냐."

"우리 말 안 듣는 놈은 국민이 아니다."

말 안 듣는 국민을 버리는 국가

그 협박장을 받았든 받지 않았든 사실 촛불을 든 우리들은 지난 6월부터 이명박 정부가 우리에게 하는 짓을 봐와서 충분히 알고 있었다. 만약 국가가 거대한 아버지라면 우리는 그의 의붓자식이며, 또 버린 자식이고, 만약 국가와 우리가 밀월 관계였다면 우리는 이미 보기 좋게 걷어차여서 거대하고도 초라한 실연공동체의 일원이 되었다는 것을. 이명박 정부는 그렇게 우리에게 '촛불세력'이라는 이름을 붙이고 우리를 일망타진한 것을 즐거워하며 거기에 한몫 단단히 한 전투경찰들을 위해 인기가수들을 불러다놓고 위문공연을 열어주었다. 그 모든 것을 지켜보는 우리들의 허탈한 마음에는 버린 자식들의 울분만 단단해졌다. 홍길동이 아버지를 아버지라 부르지 못하는 것을 슬퍼했다면, 우리는 뭐 저딴 게 앞으로 4년도 넘게 아버지 행세를 하겠다고, 하며 분노를 공고히 했다. 아 참 아버지 노릇 시켜준 게 우리던가, 하고 가슴을 쳤지만 이제 와서 돌릴 길은 없었다. 다만 촛불 하나 켜는 수밖에.

우리의 가짜 아버지들은 촛불 하나 켜고 거리로 나선 이들을 어떻게든 '촛불세력' '전문시위꾼' 등의 이름을 붙여 대상화해서는, '선량한 일반 시민'과 구분을 지으려 했지만 그 구분은 애초에 가능한 것이 아니었다. 아직까지 PD가 뭐며 NL이 뭔지도 알지 못하는 나처럼, 그 거리의 촛불을 발화시킨 것은 이념과 사상이 아니라 지극히 건전한 상식이었다. 광우병 쇠고기 문제에 대해서는 '우리가 뭐 먹을지 말지 왜 네 맘대로 정하냐, 여기가 뭐 독재국가냐' 하고 국민으로서의 권리를 말하고자 하는 마음, 그리고 이후 따라온 생각조차 하고 싶지 않은 일련의 사태들에 대해서는 진중권이 말했듯 '아니 왜 때려요? 사람을 왜 때립니까?'라는 분노의 마음이 촛불을 켜게 한 것이다. 가두 시위자들이 연행된 바로 다음날, 인도에 어정쩡하게 서 있던 사람들은 하나둘씩 용기를 내어 길거리에 내려섰다. 언제나 쌩쌩 지나가는 자동차와 버스를 바라보기만 하던 세종로의 8차선, 서울역 앞의 교차로, 불탄 잔해를 감추고 있는 남대문 앞. 차 바퀴의 신세를 지지 않고서 우리의 두 발로 밟아볼 거라 결코 생각하지 못한 거리들이었다. 다들 덜덜 떨었고, "전경이다!" 하는 소리만 들리면 부리나케 뛰었다. 한 번도 해본 적 없는 짓이니까, 당연히 무서웠다. 그때 현장에 있던 사람이라면 누구도 우리들을 '전문시위꾼'이라고 부를 수 없을 것이다. 우리는 전문시위꾼은커녕 완전히 오합지졸이었다. 어디로 가야 할지도 몰랐다. "광화문으로 갑시다! 청계천으로 갑시다! 서울역으로 갑시다!" 이게 무슨 서울시티투어코스인가 싶게 우리는 헤매 다녔다. 다만 그렇게 헤매는 것 말고는 아무것도 할 수 있는 게 없었다. 결국 그날 신촌에서 공권력은 우리를 일망타진했다. 다섯 시간이나 시내 전역을 걸어 지쳐 나가떨어진 사람들이 도대체 뭘 어쩔 수 있었단 말인가.

그 가엾고 사랑스러운 오합지졸들은 그렇게 분노를 통해 단련되었다. 오히려 이들을 '정금 같이' 나오게 한 것은 그들을 그토록 찍어 누르려 한 가짜 아버지였다. 촛불은 죽었다, 이제 촛불시위고 뭐고 다 끝났다는 비관적인 해석도 분분하지만 적어도, 가짜 아버지는 우리에게 좋은 습관 하나를 길러주었다. 그전에는 할 줄 몰랐던, 열 받으면 피켓 드는 습관. 그전에 피켓이나 구호나 행진은 진성 운동권의 전유물이었을지 몰라도, 한번 버린 자식 취급을 받아본 국민은 이제 누구라도 일단 열 받으면 피켓 들 준비가 되어 있다. 5월 말에는 침을 꿀꺽 삼키면서 몇 번이나 망설이고 나서야 거리에 내려서는 용기가 필요했지만 '버린 자식들'은 이제는 다르다. 아버지는 그들에게 몇 백만 원씩 벌금을 물림으로써 "너, 자꾸 그러면 죽는다"고 말하고 있지만 아버지의 방식이 치사스러우면 치사스러울수록 버린 자식들의 분노 역시 정교해질 것이다. 그리고 정교해져야만 한다.

"정부는 아가씨들의 패션을 탄압하지 마라!"

그 여름, 뜬금 없이 분노가 시작된 내 마음을 되돌아보자면 "정부는 아가씨들의 패션을 탄압하지 마라!"라는 구호로 표현할 수 있겠다. 때는 바야흐로 초여름이었고, 살랑거리는 원피스에 적당한 높이의 하이힐이 등장해줘야 할 계절이었건만 시위에 참가하는 아가씨들은 밤낮 운동화에 청바지에 티 쪼가리를 입어야 했으니 다들 불만에 가득 찼다. "못생긴 걸이 서비스가 더 좋다더니 우리를 못나게 만들어서 기분 좋냐!" 계속 걷고 여차하면 뛰어야 하고 물대포 맞으면 다 버리니 그런 옷만 입고 다니는 수밖에 없었다. 기분은 저절로 칙칙해졌으며 나는 이것이야말로 아가씨들에 대한 진정한 인권 탄압이라고 격분했다. 그러다 큰맘 먹고 오랜만에 아끼는 쉬폰 원피스를 입고 무심코 시위에 나온 날, 물대포를 정통으로 맞았다. 하필 그날은 형광 색소를 물에 탄 첫날(6월 28일)이었다. 모처럼 주말이라 간만에 입어본 새하얀 쉬폰 원피스에 생긴 얼룩덜룩한 그 무늬들, "너는 우리 맘에 안 드는 국민이다!"라고 외치고 있는 그 무늬들을 바라보며 나는 입술을 깨물었다.

'오케이, 진짜 해보자 이거지. 루비콘, 주사위는 던져졌다. 이제 정말 끝이야.' 내가 진심으로 '나 국민 안 해' 하고 생각한 것은 그날 이후였다. 아가씨가 큰맘 먹고 한번 입고 나온 쉬폰 원피스까지 망쳐놓는 되먹지 못한 놈의 나라가 뭔 놈의 조국이란 말인가. 아가씨가 맘 놓고 초여름에 원피스 입어볼 자유도 없는 나라를 조국이랍시고 받들어줘야 되나. 와락 분노가 솟구쳤다. 아니, 하긴 초여름의 원피스 따위는 여대생을 짓밟는 되먹지 못한 그 군홧발에 비하면 별것도 아니다. 그 군홧발은 해당 전투경찰의 발이 아니라, 국가 그 자체의 발이었다. 어쨌거나 이왕 버린 몸, 젖은 옷을 입고 덜덜 떨며 생각하고 있던 말을 그대로 외쳤다.

"어디 한번 해보자 이거지! 나 국민 안 해!"

그 순간 물대포가 안면을 강타했다. 국가는 그렇게 확실하게 대답해주었다. 넘어지면서 등허리 부분이 까졌고, 그 자리에 다시 물대포를 맞아서 몇 미터 떠밀려갔다. 다시 외쳤다.

"이 신사도고 뭐고 없는 놈들아!"

괴뢰군에게나 투입할 법한 SWAT, 즉 기동타격대를 동원해 시민들을 끔찍하게 진압했던 6월 1일 새벽, 그날 어쩌다가 경찰 쪽으로 딸려 들어가 있었을 때 분명히 보았다. 살수차를 움직이는 세 사람의 경찰 인원이 맞춰야겠다고 생각한 시민을 아주 정확히 조준하고 발사해서 타격하는 것을. 그걸 눈앞에서 봐서 잘 알고 있었으면서도 또다시 앞에서 나대다가 그렇게 실컷 맞았다. 넘어지면서 까졌다가 물대포를 또 맞은 등허리에는 도대체 그 물에 뭘 탄 건지 한 달 동안 아물지 않고 진물이 줄줄 흐르더니 아물고 나서도 선명한 흉터가 남았다. 그 흉터는, 이를테면 동물이나 노예에게 찍는 낙인 같은 것이었다. '얘는 우리 마음에 안 드는 국민임.'

정부는 준엄하게 말 안 듣는 자식을 잡도리하듯 그렇게 우리를 잡도리했고 대국민 담화랍시고 들려오는 말은 언제나 똑같았다.

"힘드냐? 참아라."

일단 때리지는 말아야 될 것 아닌가, 멀쩡히 세금 내는 대한민국 국민으로 살아가면서 도대체 왜 이 취급을 받고 있는지 우리는 도무지 이해할 수가 없었다. 그러다가 퍼뜩 알아버렸다. 그 선명한 흉터가 말해주고 있었다. '얘 우리 마음에 드는 국민 아님, 즉 우리 친자식 아님. 얘는, 버린 자식임.'

세금을 포함해 국민으로써의 각종 의무는 반드시 거둬가겠지만 국가가 거대한 아버지라면 우리는 결코 그의 적자가 아니었다. 친자식에게는 절대 이렇게 못한다. 아, 그랬구나. 의붓자식이라서 그랬구나. 버린 자식이라서 그랬구나. 남의 자식이라 그렇게 막 대했구나. 무시하고 조롱하는 듯한 선무방송들, 몇 날 며칠 제대로 못 먹고 못 자서 핏발 선 눈으로 욕설을 내뱉던 풋풋한 전투경찰들, 그들은 사실 한 목소리로 같은 말을 하고 있는 거였다. 너희들은 짝퉁 국민이야. 버린 자식이야. 촛불을 들고 선 사람들은 남녀노소 누구든 버린 자식이었다.

국가라는 거대한 아버지가 온 힘을 다해 촛불을 든 버린 자식들을 탄압할 때, 놀랍게도 그 아버지는 진실로 자신이 하는 일이 옳다고 철저하게 믿었다. 말 안 듣는 자식에게 사랑의 매를 안기듯 물대포를 쏘고 형광 색소로 얘가 나쁜 애라고 표시하고 군홧발로 짓밟았다. 진짜 아버지의 사랑의 매에 그나마 알량한 사랑이라도 담겨 있다면, 이 아버지의 매에는 어떠한 사랑도 없이 그저 경멸과 짜증만 들어 있었다. 경찰은 아버지의 매 노릇을 톡톡히 하며 우리에게 덩달아 짜증을 냈다. 아주 자주, 욕설을 퍼부었다. '너희들 때문에 우리가 잠도 못 자고 이 고생이잖아, 힘들어 죽겠어.'

아직까지 기억이 선명한 6월 1일 새벽, 젊은 혹은 어린 전투경찰들의 뒤에 서서 핸드마이크로 고래고래 소리 지르는 지휘관의 목소리에는 광기까지 느껴졌다. 국가라는 거대한 아버지의 편을 들어 버린 자식들을 처단하는 아버지의 충실한 자식이 거기 있었다. 그는 외쳤다.

"야! 다 죽여버려, 이 새끼들아! 다 죽여버리란 말이야!"

증오는 그만큼 선명했다. 정말로 누구를 죽일 수도 있을 것 같았다. 한동안 떠돌았던 '시위 중 여대생 사망설'을 믿는 사람이 많았던 이유는 아마도 그때 촛불 든 버린 자식들을 향한 그 분노와 증오의 에너지가, 누구 한 사람 정도는 충분히 죽이고도 남을 것처럼 생생했다는 것을 거기 있던 모두가 느꼈기 때문이었을 거였다. 방패를 들고 잠깐 숨을 돌리며 후방에서 땀을 흘리던 전투경찰은 아직 풋풋한 얼굴을 시뻘겋게 달군 채 계속 소리쳤다. "씨발 놈들, 씨발 놈들!" 민중의 지팡이가 아니라 민중을 때리는 매 노릇을 하느라 피로가 쌓인 경찰들의 얼굴은 버린 자식들에게 또 다른 압박이었다. 물론 그 젊은 혹은 어린 전투경찰들 역시 적자는 아닐 것이다. 그들이 가슴팍에 들고 있던, 때로는 시민들을 내리 찍던, 방패처럼 그들 역시 아버지와 적자의 방패막이일 뿐이다. 아버지는 한 발 물러선 채 팔짱을 끼고 앉아 적자의 대리인과 서자 간에 싸움을 붙였고 그는 그렇게 2008년, 우리에게 증오를 선물했다.

그러나 그 아버지가 선물한 것 중에는, '연대'라는 것이 있었다. 아마도 결코 그는 그런 것을 우리에게 선물하고 싶지 않았겠지만, 마치 핏줄이 당기듯 버린 자식들은 버린 자식들끼리 이끌렸다. 촛불 세력이 '국가'라는 거대한 아버지에게 버린 자식이었듯 비정규직 노동자들은 '자본'이라는 커다란 아버지, 그리고 '사측'이라는 저마다의 아버지에게 아주 오랫동안 버려져 있는 자식들이었다. 그들 역시 사측에게는 성가신 버린 자식, 없어도 되는 천덕꾸러기 자식, 깨물어도 전혀 안 아픈 손가락이었다. 어디서 주워와서 써먹을 수 있을 때까지 쓰다가 갖다버려도 아무 상관없는 자식이었다.

우리가 유일하게 믿는 구석, '연대'

고작 CMS 자동이체 정도로만 지원해오다 갑자기 현장으로 뛰쳐나가서 동조단식까지 나선 이유는 도대체 왜 그랬는지, 지금도 알 수 없다. 그냥 우리가, 다 같이 버린 자식이었기 때문이었다. 거대한 아버지와 작은 아버지가 합심해서 탄압하고 핍박하는, 언니, 오빠, 동생들이 거기 있었기 때문이었다. 거대한 아버지는 우리를 버린 자식 취급했지만 생판 남이던 우리는 그 버린 자식 취급으로 인해 오히려 연대했다. 침탈을 염려하여 밤새 천막을 지키고 부석부석한 얼굴로 회사에 바로 출근하는 연대 동지를 문제의 아버지들은 빨갱이 중의 빨갱이라고 믿고 싶겠지만 거기 모인 그들은 지극히 상식적인 시민들이었다. "사람을 왜 때립니까?"라는 질문에 아버지는 단 한 번도 대답한 적이 없다. 경찰의 선무방송에 따르면 아마도 "맞을 짓을 하니까 맞고 있다"인 것 같았지만 그것은 진짜 아버지가 버릇없는 자식에게 하는 대꾸라면 모를까, 국가가 국민에게 해야 할 대답은 아니었다. 그 사이 신이 나서 펄펄 날뛴 것들은 아버지의 적자들이었다. 그들의 난폭과 무례는 상상을 초월할 정도로 당당했고, 우리는 속절없이 당했지만 그 와중에도 분명히 짚히는 게 있었다.

'아, 저것들이 믿는 구석이 있구나.'

10월 기륭전자 농성장 침탈에서는 용역깡패가 전투경찰을 지휘하고 지시를 내리고 시민에게 도발하고 폭행했다. 그들은 환상적인 콤비 플레이를 보여주었다. 믿는 구석이 확실히 있었다. 사측의 적자들이 한때 같이 일했던 비정규직 간호노동자들의 머리채를 잡고 욕설을 퍼부으며 로비에서 끌어

내던 10월 강남성모병원에서, 그들과 함께 질질 끌려 나가면서도 확실히 알 수 있었다.

'아, 이것들이 믿는 구석이 있구나.'

그들에게는 기동타격대와 물대포와 기타 등등 그밖의 믿는 구석이 많을지 모르겠지만 우리에게도 지극히 연약할지언정 믿는 구석이 있다. 그리고 그것만이 유일한 힘이었다. 몇 달 되지도 않았건만 벌써 오래전의 일처럼 느껴지는 촛불의 행렬 이후, 기륭전자 앞에서의 그 푹푹 찌는 여름을 보내면서 나는 입술을 깨물며 생각했다.

"모든 버린 자식은 하나다. 모든 노동자는 하나다. 모든 약자는 하나다."

천막에 들어서며 쓱 인사를 하면 누군지 묻지도 않고 무조건 환하게 '동지!'하며 웃어주는 그 미소들, 강남성모병원 입구에서 산발이 된 머리채를 하고 용역 깡패에게 빼앗길 뻔한 플래카드를 붙잡고 맨발로 서 있을 때, 달려와 와락 끌어안던 그 얼굴들은 아무것도 묻지 않는다. "정규직이 되고 싶으면 시위를 하지 말고 좋은 학교 가서 취직을 하라"던 그 야비한 사측의 방송처럼 우리가 어느 학교를 나왔는지 묻지 않고, 부당 해고에 항의하는 여성 노동자들에게 "니들이 일을 똑바로 했으면 해고가 됐겠어?" 하던 사람들처럼 무례하지 않고, 억울하면 좋은 직장 가지 그랬냐고 조롱하지 않는다.

사랑은 오래 참고, 사랑은 온유하며, 무례히 행치 아니하고, 자신의 유익을 구치 아니하고 진리와 함께 기뻐하고 바라고 믿고 참아낸다는 성서의 참뜻을 이 지극히 평범한 사람들, 한 사람 한 사람에게서 보았다. 서로 아무것도 묻지 않고, 바라지도 않고, 다만 거기 있어주기만 하면 된다. 그것이 사랑이었고, 연대였고, 촛불이 우리에게 준 선물이었다. 거대한 아버지와 그의 수하에 있는 제각각의 아버지들보다 훨씬 무섭고 두려운 것은 그들이 열렬히 조장하고 있는 냉소주의와 무엇을 해도 아무것도 바뀌지 않는다는 무기력이다. 물대포는 몸을 때리고 초라한 양초를 꺼뜨렸지만 얻어맞은 가슴속에서는 그 어떤 물대포에도 꺼지지 않는 촛불이 켜졌다. 이 무기력을 이길 수 있는 것은 오로지 가슴속에서 타고 있는 그 촛불뿐이다. 오래 참고, 자기의 유익을 구치 아니하며…… 도저히 아무것도 자라날 것 같지 않은 이 황폐해 보이는 황무지도 언젠가 장미꽃같이 피어나리라는 희망을 결코 포기하지 않는 이 가냘픈 촛불, 이것만은 저들이 갖지 못할 것이다. 이것만이 저들이 알지 못하는 우리가 유일하게 믿는 구석이며 그들이 그토록 알고 싶어하는 우리의 배후이다.

나는 확실히 믿고 있다. 틀림없이 이 황무지가 장미꽃같이 찬란히 피어날 날이 올 것이라고. 이 가냘픈 믿음이, 이 초라하고 끈덕진 연대만이 언젠가 우리를 구원할 것이라고. 당신의, 그리고 나의 가슴속에 타는 이 촛불이.

김현진

회사를 다니면서 퇴근 후에는 시위 현장에 매일 출근했다. 그 현장에는 주 5일 근무가 없었다. 2008년 이명박 정부는 서울의 모든 랜드마크에 슬프고 비통한 기억을 심어 주었고, 그 와중에 몸에 몇 군데의 지워지지 않을 흉터가 생겼고, 형광색소에 맞아 아끼던 원피스가 다 망가져 정신적 외상을 입었다. 아가씨 몸에 흉터나 만들고 예쁜 옷이나 망치는 게 무슨 정부냐! 하고 지극히 개인적이고 편협한 분노를, 매우 진지하게 했다. 현재 한국예술종합학교 서사창작과 전문사에 재학 중이다.

8 역진

전진과 역진의 힘겨룸

_신진욱

6월 25일 ~ 6월 29일

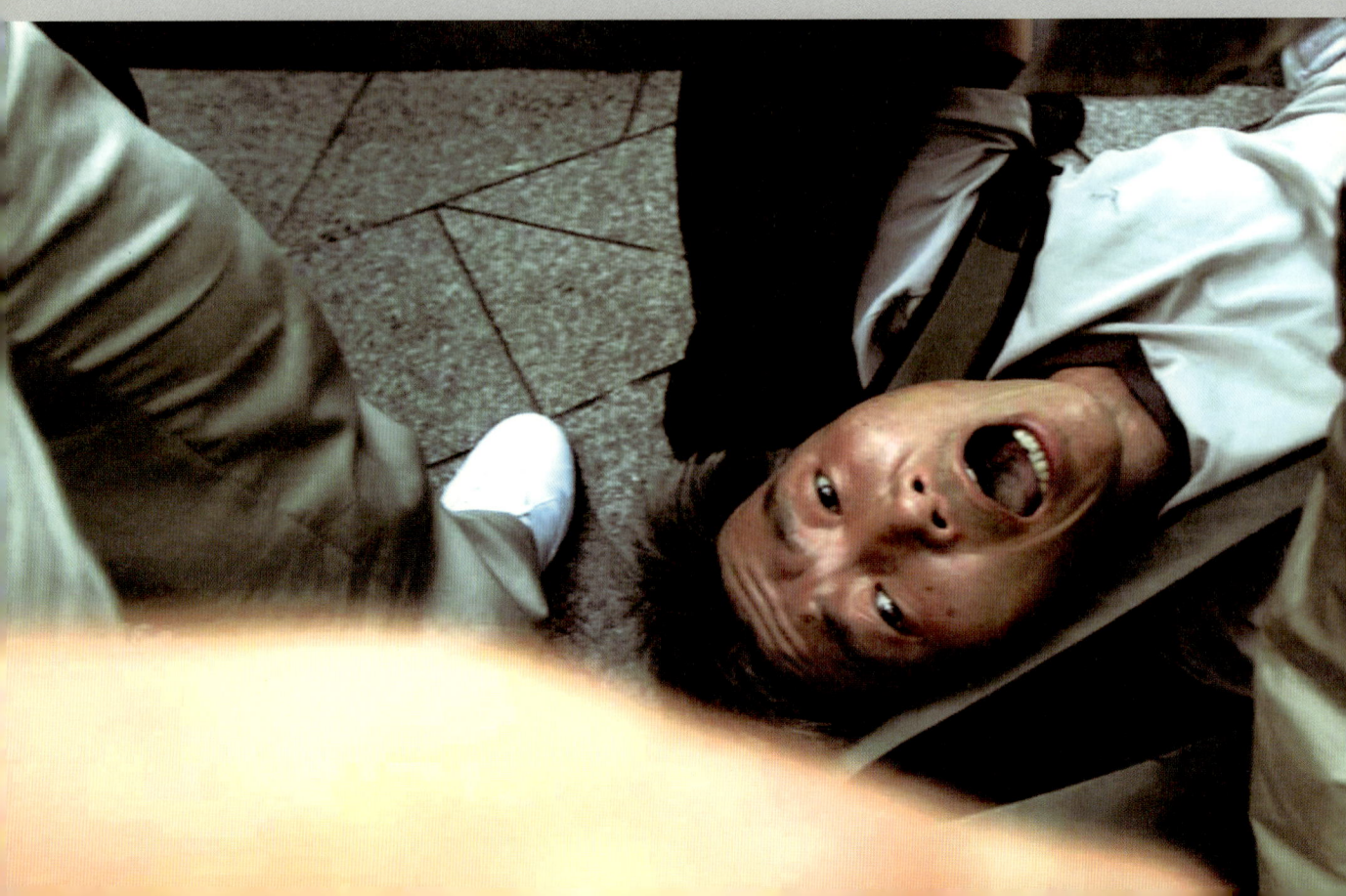

촛불의 힘은 시민들 간의 이음, 나눔, 모임에서 생겨났다. 인구 1,200만의 세계적 메트로폴리스 서울에서 시민들은 하나의 거대한 공동체를 만들어냈다. 성별과 연령, 직업과 계층을 달리하는 수백만의 사람들이 서로 이야기하고, 마음을 나누고, 함께 행동했으며, 또한 모두를 위해 각자의 능력을 발휘하면서 헌신했다. 이렇게 수많은 개인들과 크고 작은 모임들의 결집된 힘이 모이고 더해져서 거대한 '피플 파워'를 만들어냈다. 이제까지 정치는

2008. 6.29, PM 6:14, 서울광장, 이종근

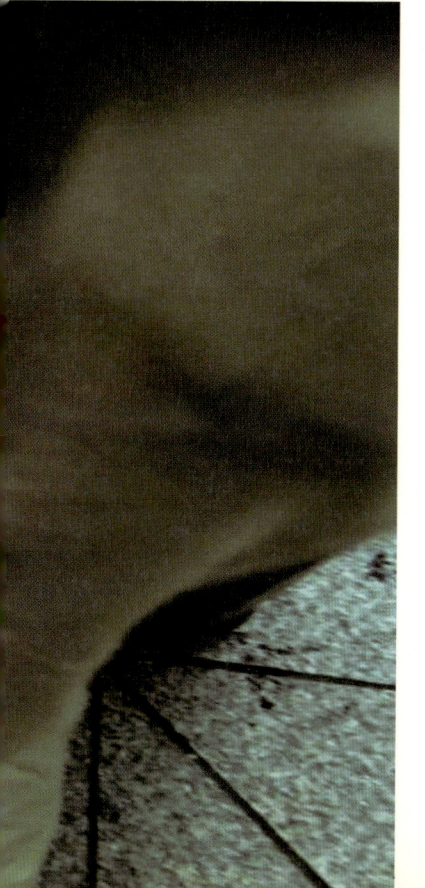

2008. 6.28. PM 9:07, 태평로, 김정효

너무 먼 이야기라고 생각했던 많은 이들이 이 나라의 진정한 주권자로 등장했다. 국민이 선출한 대리인이 국민 다수의 여론을 무시하고 그 위에 군림하려고 했을 때, 국민들은 스스로 주권을 행사하기 시작한 것이다. 수백만의 국민이 주권자로서의 분명한 자의식을 갖고 서울 한복판에서 그토록 오랜 시간 동안 거대한 하나를 이룬 것은 대한민국의 역사에서 처음이었다. 이것은 그동안 민주화의 과정 속에서 이 나라 시민들이 얼마나 성장했는지를 보여주는 증거다.

그러나 새로운 것을 품어 안고 변화하려는 힘은 흔히 그 변화를 뒤로 돌리고 역행하려는 힘과 충돌한다. 역사는 돌다리를 하나씩 밟고 앞으로 나가는 식으로 진보하지 않는다. 새로이 탄생한 것이 받아들여지기까지는 전진(前進)과 역진(逆進)을 거듭하는 시간이 필요하고, 때로는 그 시간이 짧지 않을 수도 있다. 2008년 촛불은 비록 당장 손에 잡히는 성과

2008. 6.26. AM 00:17, 새문안교회 뒤, 이정용

를 갖진 못했지만 그보다 훨씬 더 크고 넓은 사회적 변화를 위한 오랜 힘겨룸의 출발점일
수 있다. 2008년 촛불이 보여준 시민권력은 1987년 6월항쟁 이후의 정치·사회적 민주화의
결실이기도 했다. 민주주의는 우리가 자유를 체험하고, 자유에 익숙해질 수 있게 했다. 우
리는 국가의 처벌을 두려워하지 않고, 스스로를 검열하지 않고, 타인을 경계하지 않고, 헌
법에 보장된 양심·표현·집회·결사의 자유를 향유했다.

　　그러나 우리가 그동안 간과했던 것이 하나 있었다. 민주주의가 국가의 공식적 이념으
로 수용되어온 바로 그 시간 동안, 다른 한쪽에선 국민의 인권과 정치적 자유, 민주주의를
비아냥거리면서 이 나라를 독재와 권위주의로 되돌리고 싶어하는 세력들이 성장하고 있
었던 것이다. 여느 시민들뿐 아니라, 한국 정치와 사회를 연구하는 학자들조차도 이처럼
'역사를 거꾸로 돌리려는' 시도가 실제로 단행될 수 있으리라 생각하지 못했고, 또 설령 그

역진

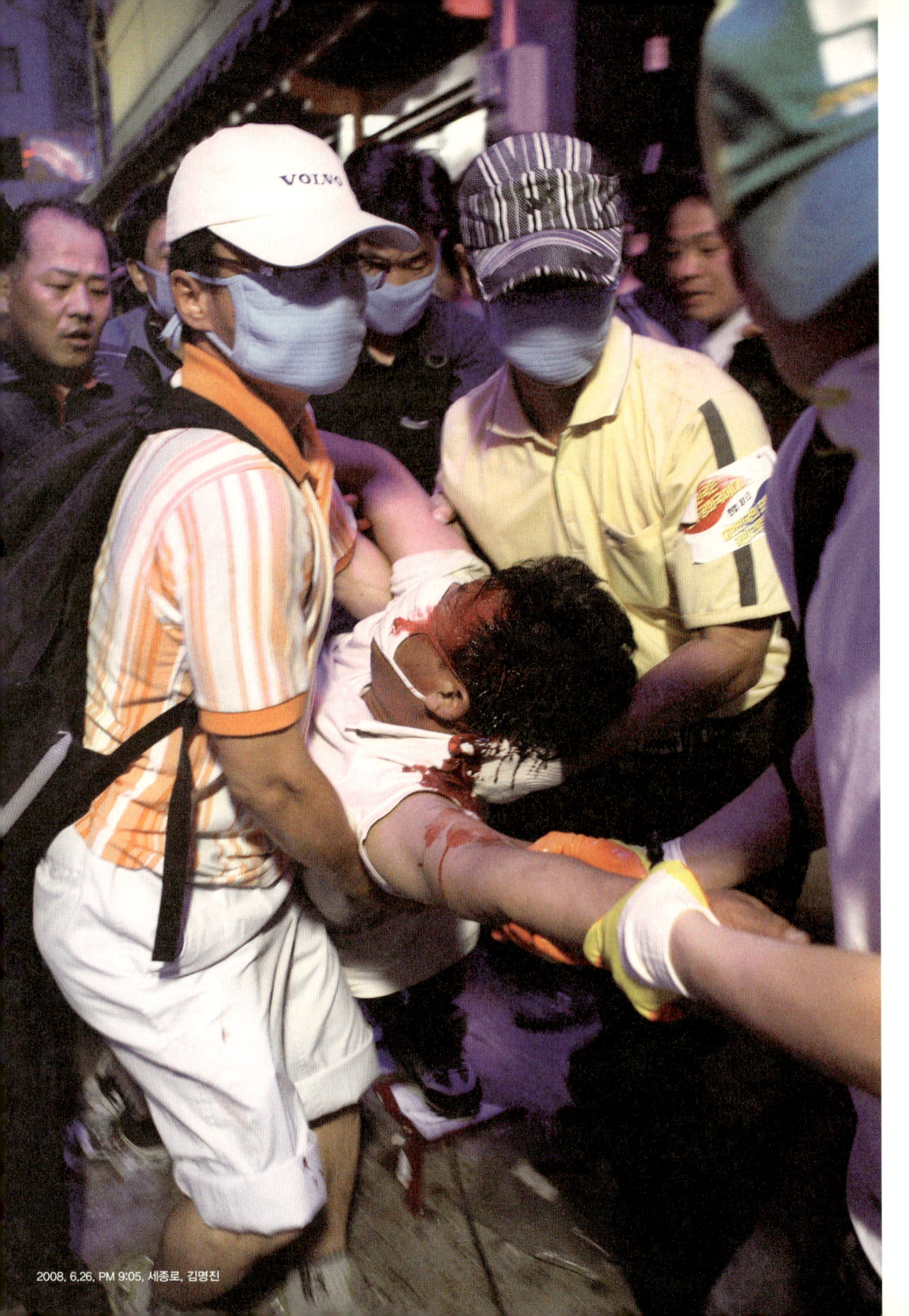

2008. 6.26. PM 9:05, 세종로, 김명진

런 경우에도 결국은 여론의 저항에 부딪쳐 좌초하리라 예상했다. 그러나 그 일은 실제로 벌어졌고, 지금 이 순간에도 벌어지고 있다.

그 출발은 '낙인' 찍기였다.

낙인의 부활

민주주의의 특징은 누가 권력을 잡았건 간에 여야의 입장 차와 여론의 향배에 따라 집권세력이 기획한 정책의 많은 부분이 수정된다는 점이다. 그래서 국민 대다수의 뜻이 모아지는 경우를 제외하고는, 정권이 바뀌어도 삶의 조건이 근본부터 뒤집어질 수는 없어야 한다. 그래서 민주주의 하에서 모든 정당과 사회세력은 정권이 상대편으로 넘어갈 수도 있는 불확실성을 감내하고 공존의 규칙을 수용하는 것이다. 그러나 이명박 정권은 일체의 소통과 타협을 거부하고 '일점일획'까지 모두 이루려 했고, 길을 가로막는 자에게는 '법과 질서'라는 공격 무기를 준비했다.

현 정권의 이러한 의도는 촛불집회를 계기로 만천하에 드러났다. 왜일까? 만인의 자유와 평등이 보장되지 않는 곳에서 사회의 '평화'는 언제나 사회적 약자의 '복종'을 대가로 치르게 마련이다. 오직 자유와 평등 속에서만, 평화는 상호 이해와 화해의 결과로 해석될 수 있다. 만약 현 정권이 추진하는 정책들에 대해 시민사회로부터 이렇다 할 반발과 저항이 없었다면 지금과 같은 억압과 통제는 없었을지도 모른다. 그러나 그러한 평화는 우리가 정권이 추진하는 모든 일에 복종한다는 것을 전제로 한다. 나와 아이들 입에 광우병 위험 쇠고기가 들어오든, 산을 넘고 다리를 부수면서 대운하를 파든, 건강보험이 사유화되든, 국가가 국민을 보호하는 책임을 포기하든, 이 모든 것을 주는 대로 받아들인다는 전제 하에서다. 그러나 우리는 그렇게 노예처럼 살 수는 없었다. 그래서 시민들은 일어났다. 그리고 평화는 깨졌다.

촛불집회가 처음 시작되었을 때부터 이 나라 역사의 역진은 준비되고 있었다. 정부와 보수언론, 극단적인 보수세력은 촛불 참여자들을 '폭도' '실업자' '부랑아' '친북좌익' '국가전

복세력' 등으로 규정하고 진정성 있는 대화와 타협을 거부했다. 5월 26일 뉴라이트전국연합은 촛불집회에 '친북좌익의 조직적 개입'이 있다고 주장했다. 6월 5일 금란교회 김홍도 목사는 "빨갱이들 잡아들이면 촛불집회는 쏙 들어간다"고 주장했다. 6월 6일에는 이명박 대통령이 직접 촛불시위가 '주사파와 북쪽에 연계된' 세력에 의해 주도되고 있다고 말했다.

놀랍게도 이것은 1980년 5월 광주민주화항쟁, 1987년 6월 민주화항쟁의 과정에서 정부와 보수언론이 시민들을 향해 퍼부었던 낙인의 언어가 21세기에 그대로 다시 살아난 것을 의미했다. 거기에다 이번에는 한 가지가 보태졌다. 종교적인 악마화의 언어가 그것이다. 5월 18일 여의도순복음교회 조용기 원로목사는 "광우병 괴담은 사탄의 계략"이라고 주장했고, 6월 5일에는 당시 청와대 정무수석실 홍보기획비서관이었던 추부길 씨가 촛불집회 참여자들을 '사탄의 무리'라고 표현해서 엄청난 여론의 반발을 불러일으켰다. 멀쩡한 아기 엄마, 직장인, 중고생들이 돌연 '사탄' '마귀' '악마'가 되어버렸다.

이러한 언어들은 대한민국의 엄연한 국민들을 일종의 '공동체 내의 위험물질', 즉 감금되고, 제거되고, 추방되어야 할 암적 존재로 만들어버린다. 이 모든 낙인들의 속성은 근본적으로 전체주의적이다. 어떤 구체적인 행동이 옳다 그르다 차원이 아니라, 특정 인간과 집단의 '존재 자체'를 도려내려 하기 때문이다. 이는 세계사의 좌우익 전체주의에 공통된 특성이다. 히틀러의 나치가 '유대인' '집시' '장애인' '볼셰비키' '빨갱이'로 낙인 찍은 수백만 명을 가스실에서 학살했을 때도, 캄보디아의 크메르루주가 '부르주아' '가진 자' '안경 쓴 자' '피부가 흰 자' '손이 고운 자'를 리스트로 만들어 고문하고 처형했을 때도, 그 출발점은 바로 전체주의적 낙인이었다.

이러한 낙인들은 정치적 반대자들을 절멸의 대상으로 만들어버림으로써 민주주의를 근본적으로 위협한다. 그것은 단지 이견을 불허하는 정도가 아니라, 이견을 표현하는 사람들을 아예 제거해야 한다고 선동한다. 정당하지 않은 국가 폭력과 극우 테러의 폭력을 고무하고 정당화하는 역할을 하는 것이다. 2008년 한국, 아이들의 안

2008. 6.29. AM 00:19, 태평로, 김정효

전과 인간다운 삶, 대한민국 공동체의 '더불어 삶[共和]'을 소망한 시민들에게 정부와 사회 지도층이 그처럼 폭력적 낙인을 찍었다는 것은 우리 사회의 자유와 평화가 매우 심각하게 위협받을 수 있다는 불길한 징후였다. 그리고 그 징후는 불행히도 급속히 현실화되었다.

민주화 이후 21년, 역진의 시작

2008년 6월 25일은 한국 현대사에 '역진의 기점'으로 기록될 만한 날이었다. 즉 1987년 이후 20년 넘게 계속되어온 민주주의와 인권, 정치적 자유의 신장이라는 역사적 추세가 반대 방향으로 되돌아가기 시작한 시점이었다. 시민들의 결집된 힘이 강력했던 5월과 6월 동안 정부, 여당과 보수언론은 한편으로 악성의 낙인을 계속 유포시키면서도, 촛불시위에 대해 어떻게 반응해야 할 것인가를 놓고 혼란스러워했다. 그러나 정부는 처음부터 국민 여론에 귀를 기울여 정책을 다듬을 의지가 전혀 없었다. 촛불집회가 시작된 5월 초부터 경찰은 촛불집회를 불법집회로 규정하고 사법처리하겠다고 했으며, '광우병 괴담 유포자 및 촛불집회 주모자'에 대한 사법처리 방침을 밝혀 수많은 시민들이 경찰청 홈페이지에 '자수 운동'을 벌이기도 했다. 대통령에서부터 국무총리, 법무부 장관, 검찰, 경찰, 한나라당 의원들, 보수언론과 보수단체들까지 똘똘 뭉쳐 촛불시위 참여자들과 네티즌들을 압박하고 위협했다.

역사를 뒤로 돌리기 위한 전면적인 공세는 6월 25일에 시작됐다. 이날 정부는 미국산 쇠고기 수입협상의 고시를 의뢰했고, 다음 날인 26일 관보 게재를 강행했다. 6월 25일, 정부의 고시 강행 소식이 인터넷과 휴대폰 문자 등을 통해 순식간에 퍼져나갔고 시민들은 오후 3시경부터 경복궁역 주변에서 항의 시위를 시작했다. 경찰은 집회를 원천봉쇄하고 지하철역에서 불심검문을 했으며, 현행 집시법상 위법 사유가 전혀 없는 인도(人道) 위의 시민들까지 무차별 연행했다. 시민들은 헌법에 보장된 정치적 자유를 근본부터 부정당한 것이다. 이날 경찰은 대책회의 관계자들을 표적 연행했을 뿐 아니라, 초등학생을 완력으로 경찰버스에 강제로 태웠고 현직 국회의원인 민주노동당 이정희 의원은 아예 경찰서까

2008. 6.25, PM 3:41, 경복궁역 앞, 김종수

지 연행해갔다. 현직 국회의원임을 인지했으면서도 말이다.

이 사건은 매우 우려스러운 징후라고 할 수 있는데, 왜냐하면 대한민국 최고 입법기관인 국회의 현직 야당의원을 경찰이 길거리에서 연행한 것이기 때문이다. 이날은 대한민국 국회의사당에서 첫 번째 벽돌이 무너져내린 날로 기억되어야 할 것이다. 6월 26일 시위에서는 민변 소속 이준형 변호사가 전경의 방패에 이마를 가격당해 단기 기억상실증과 심각한 두개골 및 안와 골절상을 입는 사건이 발생했다. 이 변호사는 이날 인권침해 감시단임을 알리는 조끼를 입고 집회 현장에 있었음에도 불구하고, 경찰은 이를 인식 가능한 거리에서 폭력을 행사했다. 경찰은 이제 '모든 것이 허용되는' 무소불위의 권력이 된 듯이 보였다. 이 나라의 입법제도와 사법제도가 권력 독점을 견제하는 책무를 부과한 야당의원과 인권 변호사가 경찰에게 끌려가고 구타당했다. 6월 27일에는 마침내 서울시가 서울광장을 시민들로부터 완전히 빼앗아갔다. 경찰 1,600여 명과 서울시 및 중구 소속 용역직원들은 서울광장의 천막들을 강제철거하고 시민들이 광장에 접근하는 것을 금지했다. 이 나라는 경찰국가가 되어가고 있었다.

내 나라, 내 국가의 폭력이 나를 향하다

6월 28일, 봉쇄된 서울광장 주변으로 시민들이 다시 모였다. 주최 측 추산 20만 명, 경찰 추산 2만 명의 시민들이 모였다. 6·10 기념 '100만 촛불대행진' 이후 가장 큰 규모였다. 대한문에서 광화문 쪽으로, 또 남대문 쪽으로 수도 없이 많은 촛불이 켜졌다. 이날 시민들이 서로에게서 받은 감동은 특별했다. 경찰의 원천봉쇄와 무차별연행이 시작된 후 그토록 많은 시민들이 다시 모여들 수 있으리라 기대할 수 없었다. 그러나 시민들은 세상의 권력 앞에 당당했다. 사람들은 대한민국의 제1의 법규범인 헌법 제1조를 다시 한 번 확인했다. "대한민국의 주권은 국민에게 있고, 모든 권력은 국민으로부터 나온다." 주권자는 대리인을 선출하지만, 또한 그 대리인에 대한 저항권을 갖는다. 민주공화국의 국가권력의 궁극적 원천은 바로 국민이기 때문이다.

2008. 6,27. PM 4:07, 서울광장, 김종수

2008. 6.29, PM 6:59, 서울광장, 이종근

어둠은
빛을
이길 수 없습니다

이날 밤, 경찰은 이른바 '여대생 군홧발' 사건이 있었던 5월 28일, 29일보다도 더 강경한 진압작전을 펼쳤다. 경찰은 촛불집회에서 처음으로 진압봉을 사용했고, 검거용으로 색소를 첨가한 물대포를 처음 사용한 것도 이날 밤이었다. 장대비가 쏟아져 내리고 구급차 사이렌 소리가 끊이지 않았던 이날 밤, 100여 명의 시민들이 응급실로 실려갔고 300명이 넘는 시민들이 경상을 입었으며 50여 명이 연행되었다. 특히 이날 한국 YMCA전국연맹 회원들과 시민 100여 명은 경찰들과의 물리적 마찰을 피하고 평화적으로 의사표현을 하기 위한 아이디어로 '눕자행동' 시위를 벌였다. 눕는다는 것은 물리적 저항을 포기하는 의사 표현이다. 그런데 경찰은 바닥에 누워 농성하고 있는 시민들을 밟고 방패로 찍고 밟는 폭력을 저질렀다. 이 사건으로 심각한 골절과 타박상을 입은 YMCA 사무총장 이학영 씨는 이날의 진압작전을 '총만 안 든 5·18'로 표현했다.

실제로 이날 많은 시민들은 '1980년 5월 광주'를 연상했다. 비록 군이 아니라 경찰이었고, 총 대신 진압봉, 탱크 대신 물대포였지만 본질은 하나였다. 민주주의는 단지 선거만이 아니라, 많은 이들의 목소리를 담아 더디지만 함께 가는 것이다. 시민들은 그것을 원했다. 내 마음에 안 든다고 선거 결과를 무르려는 것이 아니었다. 그러나 시민들은 '내 나라 국가의 폭력'이 나를 향하는 체험을 했다. 2008년 6월 서울의 시민들이 1980년 광주의 시민들과 대단히 유사한 언어로 이날의 경험을 해석했던 이유가 바로 여기 있다.

국가는 이 나라의 주인인 국민들의 생명과 안전을 보장하고 폭력과 위험으로부터 보호하라고 있는 것이다. 그런 역할을 하라고 우리는 세금을 내는 것이고, 국가가 실제로 그런 역할을 할 때 우리는 국가의 존재 이유를 존중하게 된다. 그런데 바로 그 국가가, 마치 이 나라를 침략한 외국 군대를 무찌르기라도 하듯이 국민들을 향해 돌진하여 방패와 곤봉을 휘두르고 짓밟았다. 그것도 다름이 아니라 외국과의 협상에서 국민의 안전을 더 분명히 보장받으라는 요구를 들고 나온 국민들을 말이다. 대한민국은 누구의 국가며, 누구를 위해 존재하는 국가인가? 정부는 불법집회에 대한 응당한 대응이었다고 주장했지만, 그것은 시민들이 지금까지도 잊지 못하는 분노에 대한 대답이 결코 될 수 없었다.

이때를 기점으로 정부는 이제 정부정책에 반대하는 시민들을 친북좌익, 빨갱이, 사탄으로 규정했던 애초의 태도를 전면적으로 현실화하기 시작했다. 6월 29일 정부는 촛불시위에 대한 강경대응 방침을 밝히는 담화문을 발표했고, 경찰은 서울광장에서의 일체의 집회를 원천봉쇄했다. 6월 30일 새벽, 경찰은 대책회의가 자리한 참여연대 건물을 강제 진입하여 압수수색했다. 거대한 역진이 시작되었다. 어쩌면 상당히 오래 지속될지도 모르는, 21세기 한국판 테르미도르의 시작이었다.

성공보다, 권력보다, 더 고귀한 가치를 위하여

서울광장의 열기가 식은 뒤부터 정부와 여당, 보수언론과 보수단체들은 마치 이 나라가 모든 국민의 나라가 아니라, 자신들이 소유한 땅과 기업인 듯이 마음대로 개조하고 있다. 촛불집회에 참여한 직장인, 주부, 학생들을 소리 소문도 없이 한 명씩 한 명씩 연행·구속하고 있고, 방송사들을 권력에 복속시킨 다음 대자본의 사유재산으로 만들려 하고, 공공기관들을 부패·배임 등 범죄 집단으로 몰아세운 다음 사기업에 팔아넘기고, 방송통신위원회에게 사법권과 검찰권까지 부여하여 인터넷에서의 시민들의 글쓰기와 알권리를 철저히 감시하고 통제한다. 시민들은 처음에는 "5공 회귀 아니냐?"고 하다가, 다음에는 "유신체제나 다름없다"고 했고, 그 다음에는 "박정희·전두환 때도 이렇게는 못했다"고, 또 그 다음에는 "국민의 양심과 행동을 중세적으로 통제하려느냐?"고 했다. 어디까지 뒤로 돌아갈 것인가?

이제 우리에게 서울광장은 버스 안에서 스쳐가는 '그들만의 꽃밭'일 뿐이다. 현 정권에 동의하지 않는 많은 국민들은 어쩌면 이 나라에서 모든 것을 빼앗겼는지도 모른다. 주권자로서의 긍지와 권리를 박탈당했기 때문이다. 국민들의 정치적 관심과 발언은 법과 질서의 이름으로 억압되고 있고, 나의 삶과 이 나라 공동체 전체의 운명이 어떻게 연결되어 있는지를 알고 싶어하고 거기에 대해 말하고 싶어하는 국민은 범죄자로 몰리고 있다. 광화문

2008. 6.27, PM 11:12, 코리아나 호텔 앞, 이종근

2008. 6.27, PM 11:25, 코리아나 호텔 앞, 이종근

거리를 어떻게 바꾸든, 아이들의 교육 환경을 어떻게 만들든, 우리 일상의 먹을거리에 무엇이 섞여 들어오든, 나라의 부(富)가 어디서 생겨나고 어디로 흘러가든, 국민들은 이 모든 것에 참여할 권리를 박탈당하고 있다.

정치의 근본은 공동체다. 함께 살아가야 할 타인이 있는 곳에서 정치가 생겨난다. 정치의 목표는 공존이다. 공동체의 모든 구성원들에게 관련되는 공공적 숙제를 해결하는 일이다. 그리고 정치의 생명력은 평등하고 자유로운 공동체 구성원들이 대승적 동료애 속에서 공존을 위한 최선의 길, 함께 행복할 수 있는 방법을 모색하는 데에서 나온다. 이 모든 '정치적인 것'이 2008년 촛불에서 샘솟았고, 역진의 힘은 그것을 흙으로 덮어 지하로 다시 밀어 넣으려 하고 있다. '전진'과 '역진'의 힘겨루기는 이제 시작되었다. 우리는 지금 이 사회가 요구하는 것처럼, 내 한 몸과 가족의 안위를 위해 내 이웃과 동료 시민들을 짓밟고 경쟁에서 살아남으려 발버둥치는 야생동물로 살아갈 것인가? 그리하여 돈과 권력과 지위를 독점한 우리 사회의 1% 아래에서 서로 물어뜯고 싸우는 99%가 될 것인가? 아니면 성공보다, 권력보다 더 고귀한 가치를 위해 모두의 뜻과 힘을 모아 2008년 6월의 촛불을 현재로, 미래로 다시 만들어낼 것인가?

아마도 전진과 역진의 겨룸은 계속될 것이다. 하지만 우리가 촛불에 함께 담았던 미래의 싹을 키워가면서 서로에게 안식과 치유가 될 수 있을 때, 우리는 이미 이 싸움에서 이기고 있는지 모른다. 6월 30일부터 시작된 종교단체들의 시국집회에서 시민들은 서로를 위로하고 감싸 안으면서 그러한 승리를 약속했다.

신진욱

5월부터 거의 이틀에 한 번 꼴로 촛불집회에 참여했다. 카메라와 MP3를 바지주머니에 찌르고, 한 손에는 종이와 펜을, 다른 손에는 손 팻말과 팸플릿을 들고, 서울광장과 광화문, 종로와 을지로를 쏘다녔다. 덕분에 무척 날씬해졌다. 그런데 손이 모자라서 한 번도 촛불을 들어보지 못했다. 그게 제일 아쉽다. 중앙대학교 사회학과 교수로 일하고 있다.

2008. 6.28, PM 6:57, 태평로, 김정효

2008. 6.28, PM 11:35, 태평로, 김정효

2008. 6.26, AM 00:22, 새문안교회 뒤, 이정용

2008. 6.27. PM 9:22, 태평로, 이정용

2008. 6.29. AM 7:23, 종로 1가, 탁기형

내가 몰랐던, 내게 있는 권리를 깨닫다

*아래의 글은 촛불집회에 참여했던 네티즌 세 명과 중앙대 사회학과 신진욱 교수가 2008년 9월 24일 저녁에 참여연대 소회의실에서 이야기를 나눈 내용입니다. 올해 5월과 6월 촛불집회에 참여했던 경험과 그 이후 생활에 대해 이야기를 들어봤습니다. 지면의 한계 때문에 전체 녹취록 중에서 일부를 발췌했음을 밝힙니다.

신진욱 늦은 밤, 바쁘신데 시간 내주셔서 감사드립니다. 먼저 자기 소개부터 부탁드릴께요.

희수(여성) 의상 디자이너로 일하고 있고요, 약 35만 명의 회원이 있는 여성 커뮤니티에서 활동하고 있습니다. 요즘은 저희 커뮤니티 안에 시국 문제에 대한 정기 모임 카페를 별도로 만들었어요. 회원 35만 명 전체가 시국 문제에 관심이 있는 것도 아니고, 또 네티즌 탄압이 시작되기도 했고요. 그 별도 모임 카페에서 카페지기를 맡고 있습니다.

디가(남성) 전 공공업무 분야에서 일하고 있습니다. 촛불집회 와중에 생긴 카페의 카페지기입니다. 6월 10일 컨테이너에 '랜드마크 명박산성'이라는 현수막을 붙인 사람 중 한 명이고요. 저희 카페가 생기게 된 것은 6월 1일 새벽 탄압 때문이었습니다. 많은 사람들이 부상당하고, 연행도 많이 되고, 혼자 다니면 위험하겠다는 생각이 들어 "모여서 같이 다니자"라는 취지로 만들게 되었죠. 현재 회원 수는 1,800명 정도 됩니다.

나비(여성) 전 대학에서 교직원으로 일하고 있습니다. 촛불집회 당시에는 졸업 후 직장을 알아보고 있던 중이었고요. 저 같은 경우는 주변에 이 문제에 관심 갖는 사람이 아무도 없어서 5월 31일 처음 혼자 집회에 나갔어요. 그러다 저처럼 혼자 오신 분을 만나 같이 다니다가 안국삼거리까지 갔는데, 새벽에 집에 갈 방법이 없는 거예요. 걸어갈 수도 없고. 그래서 밤을 새면서 주변에 있던 분들하고 혹시 모를 상황에 대비해서 연락처를 주고받았는데, 나중에는 그분들하고 함께 집회를 나갔어요. 지금은 희수님하고 함께 활동하고 있습니다.

신진욱 그럼 이야기를 시작하겠습니다. 4월 중순부터 중고생들의 움직임이 있었지만 촛불집회는 5, 6월에 참여가 폭발했던 시기라고 할 수 있겠죠. 그때 인터넷 카페나 그외 활동 공간에서 회원들이 촛불집회에 참여하게 된 동기와 과정이 있었을 텐데요. 카페 내에 5월 이전에도 이미 사회, 정치 문제에 대한 얘기들이 있었나요?

희수 저희 카페는 밖에서 보기에는 메이크업 좋아하는 여자들끼리 수다 떨고 정보를 공유하는 곳이에요. 카페가 생긴 지는 8년 됐고, 저는 5년 전부터 활동했어요. 메이크업 정보 나누는 게 카페의 주된 목적이지만, 카페 내에 사회나 경제, 문화에 걸쳐서 다양한 방면에 관심을 가진 분들이 있어요. 그분들이 자기의 의견을 내놓기도 하고. 그래서 토론이 벌어질 때도 있고요. 특히 이명박 씨가 대통령이 되고 나서는 꾸준하게 시국에 관련된 글이 올라왔어요. 앞으로의 전망 얘기도 하고. 그러다 5월에 집회가 시작됐는데, 경찰이 강경진압을 했잖아요. 그때 카페 회원분들로부터 우리가 말만 할 게 아니라 직접 집회에 나가자는 얘기들이 나왔어요. 그즈음 여자들만의 자유로운 공간이던 우리 카페의 성격이 갑자기 시국 카페로 변화된 거예요. 물론 35만 회원이 다 그런 것은 아니지만, 폭발적으로 여론이 형성되었어요. 특히 자발적으로 〈한겨레〉 광고 모금을 할 땐 놀랐어요. 저희 카페는 카페지기가 "합시다"라고 말하지 않아요. 누가 주도한 게 아니라 갑자기 집회에 나가고, 모금 활동을 하고, 시국 관련 글이 올라오고. 이런 운동이 활발해진 것이죠. 하이힐을 신고 예쁜 옷 입기 좋아하는, 시위하고 거리가 멀어 보이는 여자들이, '이게 아주 현실적인 문제구나' 그런 생각을 하기 시작한 거죠.

디가 저희 카페는 6월 2일 문을 열었는데, 처음부터 촛불집회를 계기로 생긴 카페에요. 저 같은 경우에는 대선 때부터 사회 문제에 관심이 있었어요. 인수위원회 시절부터 약간의 문제가 있구나, 했는데 그게 지속되더라고요. 결국 이명박 대통령이 문제구나, 그렇게 생각하고 있었지요. 개인적으로 촛불집회에 참여하게 된 계기는 개인미디어 때문이었어요. 〈아프리카〉 방송에서 누군가 올려준 링크를 통해 생중계를 보기 시작했어요. 특히 5월 31일 상황을 집에서 지켜보는데 너무 안타까웠어요. 그 길로 바로 택시를 타고 달려 나가서 집회에 참여했어요. 이번 일은 개인미디어의 힘이 매우 컸다고 생각해요.

신진욱 지금은 이슈 게시판 같은 게 따로 있는 카페들도 많지만 처음에는 그렇지 않았잖아요. 도대체 어떻게 폭발적으로 여론이 형성된 걸까요?

희수 저희 카페 같은 경우는 누가 주도한 게 아니라 대선 전부터 이명박 대통령 후보에 대해 불만을 품었던 사람들이 많았고 그게 자연스럽게 흘러온 것 같아요. 누가 갑자기 불을 지피거나 이런 게 아니라 약간의 움직임이 있었는데 경찰의 강경진압을 보면서 구체적으로 행동이 나타난 거지요. 그전까지는 온라인에서만 활동하던 사람들이 오프라인에 나와서는 뭘 할 수 있겠어요. 그런데 5월 25일 강경진압을 보면서 '나도 할 수 있겠구나' 하는 참여 의식을 갖게 된 거예요.

신진욱 촛불집회에 참여하셨던 분들이 집회에 나와 말하고 싶었던 것은 무엇이었을까요? 무엇에 그토록 화가 난 걸까요?

희수 우선 이명박 정부의 정책이 문제였죠. 그런데 우리를 길거리에 나오게 했던 가장 분명한 계기는, 국민들이 요구하는 것을 묵살했기 때문이에요. 그리고 묵살하는 방식 자체가 폭력이라는 것이었어요. 그전에도 그랬겠지만 그땐 우리가 직접 보지 못했잖아요. 옛날에도 노조나 농민 단체에서 싸우는 것을 봤지만 우리는 그저 그 사람들이 자기 기득권을 위한 싸움을 한다고 생각했거든요. 그런데 평범한 학생, 회사원들, 가정주부들이 나와서 뭔가 잘못됐다 얘기를 하는데 그것을 듣지 않고 폭력으로 묵살하는 게 충격이었어요. 이게 과연 우리나라 맞나. 평범한 시민들한테 정부가 저렇게 나올 수가 있나, 하면서 많이 분노했죠.

나비 이 정부 들어 맨 처음에 나왔던 민영화 정책 같은 것을 보고, 이건 아닌 것 같다는 생각이 들었지요. 그래서 집회에 나가게 되었고, 강경진압 때문에 더 화가 나서 더 열심히 참여했어요. 집회에서 알게 된 사람들도 하는 얘기가 그냥 집에 있다가 강경진압하는 것을 보고 화가 나서 나왔다고 해요. 정책 문제에 감정을 갖고 분노하긴 했지만, 무엇보다 폭력적인 부분에 대해서 말도 안 된다고들 하셨죠.

디가 저는 정책적인 부분만 문제가 됐다면 사람들이 7, 80만 명까지 모이진 않았을 거라고 봐요. 강경진압과 폭력이 상당히 큰 문제였어요. 비폭력을 외치는 시민들을 경찰들이 폭력적으로 진압했잖아요. 그 현장이 〈아프리카〉에 생중계되면서 그 모습을 직접 본 시민에게 상당한 충격을 주었죠. 시민들이 무참히 밟히는 모습은 8, 90년대 이후에는 처음이다 싶은 거였죠. 그리고 정부가 진짜 소통하지 않았던 점, 우리는 계속해서 잘못한 일을 바로잡으라고 요구를 했는데 정작 대통령이 담화를 발표했지만 사과도 아닌 엉뚱한 얘기만 했잖아요. 보다 많은 시민을 위한 정책을 펼쳐야 하는 정부의 공적 자리를 1~2%의 특권층이 차지하고 있다는 것에 대해 반감도 있고요. 외교 주권 자체에 대한 문제의식도 있었어요. 국민들이 느끼기에는 모든 것을 선물처럼 갖다줬다는 것이죠.

신진욱 6월 당시에 회원 분들 사이에서 많이 논의되었던 이슈가 쇠고기 수입 문제 말고 어떤 이야기들이 있었나요?

디가 민영화도 그렇고 대운하도 그렇고 인사 문제도 상당히 컸거든요. 요즘 같은 경우는 경제 문제죠.

희수 쇠고기 문제는 솔직히 저희 카페 내에서도 많이 거론된 부분이 아니에요. 처음에 이명박 정부가 내세웠던 정책들에 관심이 더 많았어요. 특히 불안해 했던 게 의료보험 민영화와 대운하 부분이었고 거기에 대해 많이들 비판적이었고, 염려를 많이 하셨어요. 어찌 보면 의료보험 민영화 같은 경우는 당장에 우리 생활에 문제가 되는 거잖아요. 어떤 일이든 자기 피부에 닿지 않으면 잘 모르잖아요. 바로 눈앞에 현실로 나타나니까.

신진욱 시민단체들이 대책회의를 꾸렸잖아요. 카페 내에서 시민단체나 사회단체 쪽에 대한 여론은 어땠나요?

희수 처음에는 시민단체에 대해서 크게 고려하지 않았던 것 같아요. 시민단체의 모습이 그리 눈에 띄지 않았고, 막바지 7, 8월쯤에 시민단체들이 많이 등장하게 되었거든요. 사람들은 아직도 '촛불'이 일반 시민들로 구성되어 있는 큰 공동체라고 생각하고 있는 거 같아요. 오프라인에서 활동하시는 분들은 시민단체, 사회단체, 정당까지 연계해서 꾸준히 이어가야 한다고 말씀하시는데 아직 네티즌 단위에서는 거기까지 생각이 미치지 않고 있는 것 같아요.

디가 저희의 경우에는 시민단체에 대해서는 이야기가 많이 있었어요. 대책회의가 잘한다 못한다 이런 이야기도 있었고, 촛불을 들기 전에는 시민단체는 노조랑 비슷하다는 생각을 가지고 있었어요. 촛불을 들면서 많은 시민들이 시민단체나 노조에 대해 예전에 가지고 있었던 고정관념에서 벗어나고 있는 느낌은 있어요.

신진욱 민주노동당이나 진보신당 같은 정당들에 대해서는 선호 같은 게 있나요?

희수 오프라인에서 만나는 진보 정당 당원 분들에게는 좀 거리감이 있죠. 민주노동당이나 진보신당 사람들이 말은 진보를 내걸고 있지만 막상 나와서 보면 속까지 그런 것도 아니고. 보수를 견제하기 위한 진보이지 진보를 위한 진보가 아니라는 느낌이 있지요.

신진욱 어떤 점이 그렇던가요?

희수 어떤 쟁점이 있을 때, 그것을 이끌어 나가는 관점이나 전략이 있어야 하는데, 네티즌들보다 훨씬 뒤떨어져 있더라고요. 진보 정당이라면 허점이 보일 때 그것을 노려서 그 자체를 슬로건으로 내세워서 사회운동을 크게 확장시켜야 하는데, 그저 지켜보고 있다가 시민들 나오고 뉴스에서 많이 커지니까 그 뒤에 붙어서 같이 가자 이런 식으로 나온 거죠. 네티즌들이 제안을 해서 진보 정당 사람들이 따라온 거지 그들이 시민들에게 제안을 했던 게 별로 없잖아요. 적어도 지금까지는 그렇다고 봐요.

디가 정당에 대해서는 사람들이 별 기대가 없었던 것 같아요. 여야 막론하고 모든 정당이나 정치인에 대해 비판적인 시선을 던지는 사람도 있고요. 애초에 정치인들에 대한 안 좋은 시각들이 있잖아요. 앞에서는 촛불을 들지만 뒤에서는 한나라당이나 뭐나 협상을 통해 자기 당의 이익을 챙길 거다. 그런 생각하는 사람들이 많았어요. 민주노동당이나 진보신당은 촛불집회 당시 열심히 도와주었다는 생각이 들지만, 실질적인 대책은 만들지 못했잖아요. 힘이 미약한 것도 있지만 정당이기 때문에 그럴 수밖에 없었을 거예요. 시민들에 의해서 만들어진 촛불에 숟가락을 얹는 것이잖아요.

신진욱 7월 이후 이야기로 넘어가죠. 제일 궁금한 것은 지금까지도 인터넷 카페 등을 통해 계속 촛불집회에 참여하고 계신 분들이 있잖아요. 촛불집회가 4, 5월부터 시작했는데 지금이 9월 말이니까 상당한 시간이 지난 거지요. 그 힘이 뭘까요? 지난 5, 6월의 경험이 개개인의 삶에 어떤 변화를 준 걸까요?

희수 우스갯소리로 이명박이 요정이라고 해요. 그전에도 우리 여자들이 인터넷 커뮤니티를 통해 사회 문제나 경제 문제에 대한 스크랩 기사를 올려놓긴 했어요. 하지만 그다지 심층적으로 생각해본 적이 없잖아요. 그런데 이번에 자기가 모르고 있던 것을 너무나 많이 깨우쳤다는 거예요. 시국 걱정, 경제 걱정, 나라 걱정 이런 것에 대해 생각해본 적이 없는데 이번 기회를 통해서 너무나 많은 것을 알게 되었다고 해요. 특히 이 나라의 주권이 나한테 있다, 나에게도 권리가 있다는 사실을 굉장히 중요하게 바라보게 됐다는 이야기를 많이 해요. 너무 당연한 것인데, 그동안 생각을 안 하고 살았으니까. 국민의 알 권리, 말할 권리는 너무 당연한 것이었기 때문에 굳이 알려고 하지 않았고 지키려고 하지 않았잖아요. 그런데 이번 기회를 통해서 80년대 초중반, 90년대 초반에 사람들이 왜 그렇게 싸웠나 알겠다고 말씀하시더라고요. 생활 전반에 걸쳐서 의식이 깬 거지요. 저는 의식이 깨면 사회가 변할 수 있다고 생각하거든요. 그런 의식 변화에 대해 자기 스스로 말하는 것을 보면서, 정말 이명박이 요정이구나, 그런 이야기들이 많았어요. 우리가 이번 일이 아니면 어떻게 농림부 장관, 문화부 장관의 이름을 알았겠어요? 너무나 복잡하게 생각했던 사회 구조나 세상 돌아가는 원리 같은 걸 알게 되니까 스스로 대견스러워도 하고요. 지금 배우고 있는 것, 이런 게 학습의 과정이잖아요. 집회에 꼭 나오지 않더라도 이렇게 학습한 것을 바탕으로 앞으로 사회 참여 활동을 할 수 있는 기회가 훨씬 더 많아질 것이라고 생각하거든요.

디가 저는 시민이 직접 참여하는 민주주의를 경험했다는 게 중요하다고 생각해요. 국민의 목소리로 여론을 바꾸었잖아요. 미약하나마 30개월 미만 쇠고기 수입도 막았고 민영화도 안 한다고 했고요. 그 많은 시민들이 직접 나와서 몸소 실천했기 때문에 그거라도 가능했던 거죠. 교육감 선거도 그래요. 저는 주경복 후보가 대단히 선전했다고 생각해요. 많은 사람들이 주경복 후보에게 표를 줬잖아요. 촛불이 아니었으면 그게 가능하지 않았을 거예요. 저는 그것을 통해서 큰 희망을 가졌어요. 앞으로 2년 후의 지방선거라든지 다음 대선 때는 달라질 거예요. 이번에 대통령 한 명 잘못 뽑으면 국민들이 직접 피 본다는 것을 진짜 절실히 알게 됐잖아요. 어떻게 보면 좋은 일이지만 한편으로 두려운 경험이지요. 직접민주주의는 계속된다고 봐요. 많은 분들이 이제 70만 명이 모일 일이 뭐가 있겠느냐고 해요. 그런데 저는 당장 한 달 뒤라도 다시 그렇게 모일 수 있다고 생각해요.

나비 전 사회 문제, 경제 문제에 전혀 관심이 없었고 그러다가 우연치 않게 집회까지 나가게 된 거예요. 공기가 있어서 숨 쉴 수 있다는 것은 너무 당연한 건데, 또 그렇기 때문에 공기의 소중함을 모르잖아요. 마찬가지로 전 민주주의에 대해 전혀 생각해본 적이 없었어요. 민주주의 국가에서 살고 있으니까 나한테 자유롭게 말할 수 있는 권리가 있고, 당연히 그런 권리를 누리고 있다고 생각했어요. 그런데 그게 아니잖아요. 아 정말 민주주의가 소중한 거구나, 알게 됐죠. 광주 민주화운동 같은 일도 역사 시간에 잘 다루지 않잖아요. 이번 일을 겪으며 그런 역사도 스스로 찾아 공부도 하고 그랬어요. 사회 문제에 대해서 관심을 가지게 되고, 뭔가 의식이 깼다고 할까요.

희수 제가 디자이너인데도 평소 사회, 경제, 인권 문제 같은 데 관심은 좀 있었어요. 그런데 관심 있는 것하고 참여하는 건 다르잖아요. 뭘 어떻게 참여하는지 방법도 몰랐고요. 모르는 상태에서 집회에 나오게 된 건데, 그 과정에서 저 스스로 공부를 많이 하게 됐어요. 참여 방법에 대한 공부도 하게 됐고, 정치, 경제 뭐 그런 거창한 걸 떠나서 국민으로서 뭘 해야 하는가에 대해 생각을 많이 하게 됐어요. 예전에는 사회, 경제, 정치적으로 무슨 일이 있다고 해도 나와는 직접적으로는 상관없는 일이라고 생각했거든요. 자기네들이 알아서 하겠지 그랬죠. 이제는 나 그리고 다른 사람들, 일반 시민들이 나서지 않으면 바뀌지 않는다는 걸 알게 됐죠. 저 개인적으로 제일 처음에 깃발 들고 집회에 나갔을 때는 뭔가 단기간에 바꿀 수 있다고 생각했어요. 어린 마음에, 아무것도 모르는 상태고 분위기가 고조가 되었으니까 뭔가 하나는 할 수 있겠지 했는데, 활동을 하면서 시민단체를 많이 돌아다녔어요. 시민단체 안에서 하고 있는 활동들이 많잖아요. 우리는 정말 광장에 나가서 촛불 들고 소리치면 될 줄 알았는데 시민단체에서 하는 사회운동 같은 것은 누가 봐주지 않는데도 꾸준히 하고 있는 거잖아요. 정말 아, 이런 작은 노력들이 사회를 움직이고 있구나, 하는 것을 많이 느꼈어요. 광장에 나가서 촛불을 드는 것만 사회를 바꾸는 것이 아니라 아래에서부터 사람이 보든 안 보든 꾸준히 뭔가를 한다는 것. 그런 노력들이 되게 감동적이었어요.

신진욱 오랜 시간 인터뷰에 응해주셔서 감사합니다.

9 공명

생명평화, 촛불의 영혼이 춤추다

_주요섭

6월 80일 ~ 7월 5일

주르륵 뜨거운 것이 흘러내린다. 코끝이 싸해지고 눈자위가 따뜻해진다. 이내 안도의 한숨을 내쉰다. 지난밤의 악몽 같은 폭력의 공포로 밤낮을 시달린 뒤끝, 서울광장에서는 흰옷 입은 신부들이 '촛불소년'이 되어 구불구불 사람들 사이를 지리산 자락의 오솔길 거닐 듯 지나간다. 시민들 얼굴에 미소가 번진다. 한겨울 따뜻한 군고구마처럼, '우리집' 온돌처럼 놀라고 지친 영혼에 따듯한 온기가 되었다.

"우리 주장을 관철하기 위해서가 아니라 모욕받고 상처받은 국민들의 자존감을 위로하기 위해서 나서는 것입니다."

신부님 우리 신부님

　미사를 마치고 가두행진을 나서며 '천주교정의구현사제단'(이하 사제단) 김인국 신부가 다시 한 번 강조한다. 권력에 대항하기에 앞서 참담하게 상처 입은 민초들의 영혼을 어루만지겠다는 이야기다. 항상 그들 곁에 있겠다는 마음이다. 물론 위로에 앞서 공감이 먼저다. "차마 눈뜨고 볼 수 없는 참상이 벌어지고 있습니다. 국민을 상대로 마구 저지르는 오늘의 폭력상과 거짓들을 지켜보며 우리는 분노합니다." 6월 30일 사제단이 발표한 '대통령의 힘과 교만을 탄식함'이라는 제목의 성명은 분명하게 밝힌다.

　"사랑합니다" "감사합니다"

　30일 저녁 서울시청 앞 광장에서 진행된 사제단의 시국 미사에 참석한 6만여 명의 시민들은 눈물을 글썽이거나, 혹은 웃음을 함박 머금은 채 떨리는 목소리로 속삭였다. 신부와 수녀들도 화답했다. "우리도 사랑합니다".

　이날 저녁 7시 30분경 시작된 시국 미사는 1시간 가량 진행됐다. 미사에는 150명의 신부와 200여 명의 수녀가 참석했다. 미사를 마친 후 사제단과 참가자들은 남대문, 명동, 을지로를 거쳐 행진했으며 10시경 서울광장으로 다시 돌아와 평화롭게 행사를 마무리했다. 사제단 신부들은 곧바로 그 자리에서 천막을 치고 무기한 단식기도에 들어갔다.

　이명박 정부는 6월 29일 새벽 YMCA '늪자행동'의 비폭력 원칙을 참혹하게 짓밟은데 이어, 촛불에 대한 원천 봉쇄와 강경 대응 의지를 연일 계속되는 폭력 진압과 무차별 연행으로 웅변했다. 30일 새벽에는 촛불집회를 주도했던 대책회의와 한국진보연

대통령의 교만과 무능이 민주주의를 짓밟는다.
촛불의 파수꾼, 사제들의 단식기도회
천주교정의구현 전국 사제단

2008. 6.30, PM 9:48, 서울광장, 강재훈

대에 대한 대대적인 압수 수색과 연행이 이루어졌다.

촛불집회를 이끌었던 시민사회단체 지도부와 촛불시민들의 분노와 긴장감은 극에 달했다. 5월 26일 전주에서의 이병렬 씨 분신을 기억하는 사람들은 정부와 촛불시민들 사이의 돌이킬 수 없는 충돌과 극단적인 돌발 상황을 우려하기 시작했다.

실제로 천주교, 불교, 기독교의 몇몇 성직자들과 기독교환경연대, 인드라망생명공동체 등 종교환경회의 소속 단체들은 파국을 막아야 한다는 생각으로 긴박한 분위기 속에서 대규모 단식을 포함한 모종의 대책을 논의하기도 했다. 바로 그때 신부들이 무기한 단식을 선언하며 촛불시민들 곁으로 온 것이다. 그러니 '신부님 우리 신부님'들이 눈물겹게 반갑고 고마울 수밖에.

전회(轉回), 청와대에서 저잣거리로

사제단의 참여는 그 자체로 촛불 '사건'의 차원 변화를 의미하는 것이었다. 며칠 후 생명평화운동단체들의 성명서 제목이 그것을 잘 드러내준다. '생명의 촛불, 평화로 살립니다.' 천주교의 뒤를 이은 불교계와 기독교, 원불교의 촛불 참여과정은 수사법에 머물지 않는 '생명평화의 패러다임'을 보여준다. 그 상징이 바로 '청와대에서 남대문'으로의 '대전회(大轉回)'였다. 촛불 자체가 이미 사회적 전환의 상징이 되었지만, 진화 과정 속에서 비약의 면모를 보여준 것이다.

6월 30일 미사를 마친 신부들은 청와대가 아니라 남대문으로 향했다. 사제단은 "더 이상 대통령을 찾지 않을 것이다. 우리가 진짜 소통해야 할 대상은 국민이다. 대통령은 국민 가운데 한 명일 뿐이다"라고 언명했다. 전회, 혹은 전환(轉換)이다. 그것은 새로운 정치적 상상력의 표현이었고, 시적 메타포였다. 전회의 행진은 천주교 신부들에서 비롯되어 개신교 목사들과 스님들이 이어갔으며, 7월 5일 촛불의 대축제까지 계속되었다.

그것은 이를테면 도덕 정치, 정치 패러다임의 전환이었다. 정치, 경제, 문화를 포괄하는 절대 권력의 상징 청와대를 넘어서 도(道)와 덕(德), 즉 사람의 길을 함께 걷고자 했다. 도는 길이고 덕은 행위를 의미한다. 그러므로 도덕 정치란 사람의 길을 밝히는 것. 도덕 정치의 힘은 바로 거기서 나온다. 사람이라면 마땅히 해야 할 일. 신부들의 행진은 이제 참담한 촛불에 대한 위로를 넘어 국민들 모두에게 우리가 가야 할 길이 무엇인가를 보여주었다. 국민들 스스로 촛불이 되어 그 길에 마음 깊이 참여하는 계기가 되었다. 무릇 정치는 청와대와 국회의사당과 정부청사에 있는 것이 아니라, 남대문 저잣거리의 민심 속에 있는 것이라는 것을 어쩌면 촛불집회에 함께하고 있는 시민사회단체들에게도 넌지시 말하고 있는지 모를 일이다.

전회의 메시지는 또 폭력의 악순환을 기어이 끊어야 한다는 것이었다. 어린아이 손목을 비틀듯, 하염없이 아름다운 봄날 꽃밭을 짓밟듯, 폭력은 그 자체로 공포와 두려움이다. YMCA의 '눕자행동'은 처참한 가슴을 쓸어내리며 죽을 힘을 다해 끝까지 폭력경찰 앞에 저항하겠다는 분노의 항쟁을 선언한 것이었다. 폭력과 저항의 악순환을 어찌할 것인가. 촛불의 비폭력 원칙은 6·10 촛불대행진 때를 비롯하여 촛불 기간 내내 무기력했고 위태위태하였다. 사제단은 비폭력과 평화를 재천명하고 단식을 선언함으로써 공포를 극복하고 촛불의 열망을 다시금 환히 밝게 하였다.

근본적으로 6월 30일의 전회는 생명평화의 길 자체를 의미하고 있는지도 모른다. 엄밀하게 말하면 그것은 전회나 전환이 아니라, 심화를 통한 차원 변화라고 말해야 옳을지 모른다. 촛불은 이미 대의 민주주의와 계몽의 정치를 넘어서는 새로운 패러다임을 보여주었거니와 남대문으로의 전회는 이후 스님들의 서원에서 전모가 드러나는 생활, 생태, 생계, 생존을 포괄하는 생명의 근원적 열망을 상징하기에 충분했다.

평화는 단지 폭력 없는 상태가 아니다. 생명이 나무의 뿌리라면 평화는 가지와 잎사귀, 꽃과 열매다. 생명이 근본이라면 평화는 작용이다. 우리는 평화의 전개를 통해서만 생명의 강건함과 아름다움을 볼 수 있다. 더욱이 평화는 공평(平)과 조화(和)인 것을. 그러므로 생명평화는 내면의 고요와 영혼의 평화만을 이야기하는 것이 아니다. 사제단과 스님들은 영성적 평화와 더불어 생태적 평화, 나아가 사회적 평화와 균형을 기도했던 것이다. 그것이 바로 미친 쇠고기에 대한 거부로 표현된 민심의 깊은 열망이 아닐까.

여 열매는 모든 선과 의와 진실

2008. 7.3, PM 8:14, 덕수궁 앞, 강창광

어둠은
빛을
이길 수 없습니다

신과학·신문명운동의 기수였던 카프라의 책 제목처럼, 이 세상은 '생명의 그물(Web of Life)'이다. 공명 현상은 오프라인 웹과 온라인 웹에서 동시에 메아리친다. 시장에서도 광장에서도 욕망을 넘어서 열망으로 통합된다. 다음 아고라에서 14만여 조회수를 기록하고, 4천여 개의 댓글이 달렸다는 아이디 'CF'의 '천주교정의구현사제단의 국민의 한 사람 되기'라는 예사롭지 않은 게시물이 그 증거 중 하나이다.

"이명박 정권 앞에 놓인 수많은 촛불은 상처받기 쉽고 가녀린 촛불이라고, 사제단 총무 신부님이 말씀하셨습니다. 그 촛불은 단지 '지금'의 현상으로 곧 사라질 연약함이 아니라, '역사의 연약함', 즉 억압당하고 소외된 사람들, 의로움에 자신을 헌신했던 사람들의 역사적 현재입니다. …… 사제들은 국민의 '한 사람'되기를 무엇보다 실천했습니다. 촛불의 박수, 환호에 앞서, 그 '한 사람'되기를 통해서 사제다움을, 참된 지도력을 갖게 됩니다."

목사와 신부들이 저잣거리에 나오니 목자(牧者)가 곧 양이 되고, 성(聖)과 속(俗)이 하나가 되며, 시장과 광장이 '지금 여기서' 하느님의 나라가 된 것이다. 신부들이 침묵으로 그 나라를 선포하였다면, 목사들의 7월 3일 집회는 예수님의 예루살렘 입성처럼 활달한 웃음으로 촛불들과 어우러졌다.

일부 또 다른 개신교 신자들의 이른바 '맞불 철야기도'를 사과하며 단상에 선 들꽃향린교회 김경호 목사는 "침묵 행진 대신 오늘은 시끌벅적한 행진을 하자"고 제안했다. "이명박 대통령이 혹시 청와대 뒷산에 올라 촛불행진을 볼지도 모르는데, 거기까지 들리도록 요란하게 행진을 하셔도 됩니다." 시민들은 물론 환호로 답한다.

각(覺), 108배의 참회와 성찰

한 눈으로 보면
촛불만 보이지만
두 눈으로 보면
촛불 속의 영혼까지 보입니다

씽씽 바람이 되는 이여
알아야 합니다
영혼이 있는 촛불은
폭풍도 끄지 못한다는 것을

조계종 교육원장 청화스님이 낭독한 시국법어 시 구절의 한 대목이다. 촛불 속에서 영성(spirit), 다시 말해 영혼의 눈동자가 반짝인다. 7월 4일 서울광장에는 1천여 명의 스님들과 3만여 명의 신도와 시민들이 발 디딜 틈도 없이 모여 시국법회에 귀를 기울였다. 천주교 사제단이 위태위태하던 촛불을 평화롭게 지켜내려 했던 6월 30일, 조계사, 도선사, 화계사, 길상사 등 주요 사찰과 불교환경연대, 인드라망생명공동체, 실천불교전국승가회, 참여불교재가연대 등 불교단체들은 '현 시국과 이명박 정부의 종교편향에 대한 긴급회의'를 열어 7월 4일 서울광장에서 시국법회를 열기로 결정한다. 더욱이 오른쪽 외눈박이 이명박 정부는 생명의 전일성(全一性)을 통찰하는 것은 고사하고 극단적인 '분별심'으로 종교적 편견과 이념적 이분법에 빠져 헤어나오지 못하고 있지 않은가.

그러나 구도자들은 남을 탓하지 않는다. 시국법회에 참가한 이들 모두가 함께하는 108 참회가 이어진다. 하늘과 땅과 사람을 향한 3만 영혼의 108배. 사회를 맡은 명진 스님이 낭

2008. 7. 4, PM 6:04, 종각, 김종수

독하는 참회문에 따라 광장을 가득 메운 참가자들의 108배가 30여 분간 계속된다.

"물러섬이 없는 믿음으로 오로지 부처님 가르침대로 사는 것이 진정한 생명과 평화의 길임을 사무치게 깨달아 새기면서 백여덟 번째 절을 올립니다."

마지막 절이 끝나고 감격에 겨운 시민들의 박수소리가 환호와 함께 길게 울려 퍼진다. 그 이름이 '촛불을 위한 생명과 평화의 108 참회문'. 오로지 진리를 구하기 위해 생의 전부를 던진 스님들이 "중생을 다 건지리라고 서원을 하고서도 오로지 '나'만 생각하면서 살아온 허물을 참회"한다. '나'뿐이 아니다. 이웃을 부처님으로 모시지 못함을 참회한다. 다른 생명에게 진 빚을 잊고 마음의 평화를 잃어버린 나를 참회한다. 촛불이 부처님임을 알아차리지 못함을 참회하고, 인간중심주의가 생명공동체를 파괴한 것을 깨닫지 못함과 막지 못함을 참회하고…… 108번의 참회. 그리고…… 다시, 생명평화의 길.

사실 사제단의 호소도 마찬가지로 사회적 행동과 더불어 내면의 성찰을 동시에 촉구한 것이었다. "촛불은 안으로는 내면의 욕심을 불태우고, 밖으로는 어둠을 밝히는 평화의 수단입니다. 저마다 마음을 비우고 맑게 하여 지친 세상을 위로하고 서로에게 빛이 됩시다."

스님들의 108배 참회는 수행자가 자신을 향해 든 죽비이자, 처절한 자기 성찰적 고행이었다. 그것은 이 세상에서 가장 아름다운 노래이며, 어쩌면 생명평화의 우주적 메시지였다.

참회와 깨달음의 뒤끝, 스님들과 신부들, 그리고 이미 예수님과 부처님의 얼굴을 닮은 수많은 민초들은 오체투지와 탁발순례로, 기륭전자 노동자들의 농성장과 언젠가 운하로 파헤쳐질지도 모를 한강과 낙동강에서 보이지 않는 촛불의 행진을 이어가고 있다. 스님과 목사와 신부와 교무들은, 어느 시인의 표현을 빌자면, 소녀들과 엄마들과 함께 그 긴 시간 광장에서 바로 구도의 길, 생명평화의 길을 떠난 '선재동자'가 되어 촛불을 켜고 있었던 것이다.

환희, 신명난 광장의 축제

2008년 초여름 서울, 촛불은 힘들고 지치고 곤고했을 것이다. 혹 촛불이 생의 주기를 가진 하나의 생명이라면, 이즈음 촛불은 장성하여 만발한 '6·10 백만촛불대행진'을 거치고 난 뒤 비바람을 맞아 심한 몸살을 앓고 있을 때였을 것이다.

촛불의 생장소멸(生長消滅), 낳고 자라고 쇠해져 되돌아가는 생명 순환의 사이클 속에서 신부들의 등장은 영성의 열매가 맺는 가을의 예고였는지도 모른다. 스님들과 3만 촛불들이 연출한 108배의 통렬한 성찰과 깨달음은 절정의 성숙을 의미했는지도 모른다. 무성했던 여름의 함성소리에서 마음을 울리는 내면의 하모니로의 변화. 떨어지는 낙엽 사이 새 생명을 포태(胞胎)한 정제된 결정이었는지도 모른다. 과실을 맺기 전 격렬한 전투가 있었다. 재난과 같은 국가 폭력이 길거리를 공포로 몰아넣었다. 그리고 신부와 스님과 목사들이 그 폭력이 난무하던 공포의 길을 도와 덕의 정치, 더불어 떠나는 생명평화의 길로 새로운 물꼬를 터주었다.

드디어 7월 5일, 빗방울이 그치고 서울광장에서 남대문, 광화문 네거리까지 수십만의 촛불들이 모여들었다. '7·5 국민승리 선언을 위한 촛불문화제', 한마디로 '승리의 축제'다. 6·10 때와는 달리 '행진'이 아니라 다시 '문화제'라는 게 의미심장하다. 청계광장의 첫 마음으로 돌아가려는 것일까. 이미 7월 1일 원로들의 기자회견에서, 이날의 환희와 신명의 축제는 예고되었다. 백낙청 서울대 명예교수, 김상근 목사, 수경 스님, 김병상 몬시뇰, 이선종 원불교 교무 등 종교계와 학계 원로들은 "7월 5일, 유머와 감동의 축제를 준비하자"고 국민적 참여를 호소했다.

물결치는 인파와 촛불의 파도. 대책회의는 오후 8시께 "50만 명이 모였다"고 선포했다. 덕수궁 대한문 앞에 만들어진 대형 트레일러 무대를 중심으로 경찰이 차벽을 쌓은 청계광장에서부터 서울광장과 서소문까지 사람의 물결로 발 디딜 틈이 없었다. 지난 6월 10일 집회 참여 인원이 주최측 추산으로 70만 명이었다 하니 그에 버금가는 규모와 열기였다.

천주교와 기독교와 불교, 특히 이날 대규모로 참석한 원불교 교무단은 종교계를 대표해 메시지를 전했다. 무대 앞에는 스님, 신부, 수녀, 교무, 목사 등 종교인 수백 명이 자리를 차지했다. 그 뒤로 통합민주당, 민주노동당, 창조한국당, 진보신당 등의 정치권 인사들이 대거 참석했다. 민주노총 조합원 6천여 명도 서울역 앞에서 집회를 연 뒤 문화제에 합류했다. 서울 하늘에는 '미친 소 미친 정부 공안 정국 2MB'이라고 적힌 대형 애드벌룬이 띄워졌고, 선언문을 발표한 뒤 '전면 재협상, 촛불이 승리한다'는 애드벌룬이 다시 올려졌다.

'눕자' 연좌농성이라는 비폭력 행동을 벌이다 경찰에 짓밟히고 곤봉에 맞아 병원에 입원해 있던 YMCA 이학영 사무총장이 무대에 나왔다. 이 총장은 4·19와 70년대 민주화투쟁, 광주항쟁과 6월항쟁을 열거하고, "우리 위대한 대한민국 국민들은 끝내 승리할 것이다"고 목청을 높였다. 집회 말미, 체포영장이 발부된 '광우병국민대책회의'의 김광일, 한용진, 김동규, 박원석 씨 등이 무대에 올랐고, 정부에 재협상을 촉구하고 투쟁과 승리를 다짐하며 열기를 고조시켰다.

이날 집회장 근처에서는 농민들이 수박과 토마토를 가져와 시민들에게 나눠주었고 서울광장의 '촛불다방'도 여전히 시민들에게 커피와 물을 공급했다. '다인 아빠'의 촛불 컵라면도 장터의 한자리를 차지하고 있었다. YMCA '눕자행동'은 단호하게 어청수 청장의 퇴진을 외치고, 가축전염병예방법 개정 촉구를 비롯해 공기업 민영화 반대, 교육감 선거 참여 등 다양한 캠페인과 서명운동이 전개되었다.

정말 신명나는 축제였다. 그 한 켠 수많은 그물코들의 난장 속에서 작지만 의미심장한 또 하나의 '사건'이 있었다. 한살림과 생협전국연합회, 귀농운동본부, 생명평화결사 등 생명평화를 중심 가치로 내걸고 활동해온 16개의 이른바 생명평화운동단체들이 공동성명을 발표했다.

"우리가 먼저 '생명평화의 촛불'이 되겠습니다. 싸고 안전한 쇠고기를 먹겠다는 작은 욕망을 넘어, 뭇 생명과 자연을 도구화하는 인간중심주의를 넘어, 더불어 서로를 살리는 생명평화세상을 향한 열망이 은하수처럼 물결치기를 기원합니다."

지난 20여 년동안 공동체운동과 영성문화운동, 생활협동운동에 진력하며, 정치투쟁과 사회경제적 투쟁의 복판에서 비켜 있던 이들이 한꺼번에 거리에 섰다. 성직자들의 광장 행동과 더불어 이들의 참여는 촛불의 공명 현상을 재확인해주었다.

'유머 있고 감동이 있는 촛불문화제'는 바야흐로 절정에 이르고, 마침내 국민승리가 선언됐다. 수십만 촛불들과 대책회의는 선언문을 통해 "국민은 이미 승리했으며, 재협상은

2008. 7. 3, PM 9:57, 서울광장, 강창광

반드시 이루어진다"고 천명했다. "열다섯 소녀가 떨리는 손으로 지펴 올린 작은 불꽃이 아침마다 더욱 우람해지고 저녁마다 더욱 찬란해져 이제 그 누구도 막을 수 없는 수천만의 촛불바다를 이루었으니, 우리는 이미 승리했다"고 강조하며, 더불어 이명박 정부의 패배를 선언했다. 축제는 계속됐다. 남대문과 퇴계로, 종각과 광화문. 기~인 도심순례와 서울광장에서의 밤샘 난장이 펼쳐졌다.

백화제방 백가쟁명 강약강약. 돌이켜보면 지난 일주일은 월요일부터 토요일까지 신부와 목사, 스님과 교무들의 기도와 명상, 그리고 아름다운 송가, 그리고 가끔은 사자후 같은 성토가 폭포처럼 쏟아진 기쁨과 열망의 시간이었다. 리듬은 살아 있었고, 하모니가 절묘했으며, 멜로디는 수려하였다. 재협상도 국민 주권도 공공성 강화도, 모두 다 그 안에 녹아 있었다. 베토벤의 합창 교향곡 중의 〈환희의 송가〉를 떠올렸다. 그것은 클라이맥스. 드디어 수천 수백만의 별들이 촛불로 빛나고, 또 푸른 별 하나하나가 내면의 촛불을 켜는 은하수 같은 우주적 공명에 이르게 되었는지도 모른다.

하지만 쓸쓸하다. 겨울을 준비해야 할 것 같은 마음. 찬바람 탓은 아니다. 토요일과 일요일이 가고 사제단이 처음 미사를 드렸던 그 월요일이 다시 오듯, 오늘은 흥겨웠던 주말의 뒤끝일 뿐이다. 아마도 스님과 교무, 신부와 목사는 '이제 다 이루었다'고 생각할지도 모른다. 그이들에게 승리란 권력의 전복이나 획득이 아니라, 상대방의 패배를 전제한 것이 아니라, 거듭남이거나 깨달음이거나 개벽, 즉 새 하늘과 새 땅이 열리고 새 사람이 태어나는 우주적, 역사적 사건일 것이기 때문이다.

촛불에도 생명이 있다면, '이미 승리했다'는 그 말은 이런 뜻이리라. 촛불 소녀의 작은 몸짓이 나비효과처럼 태풍이 되고, 국민들 마음속에 희망의 등불이 되고, 비관하던 시인과 평론가에게 새로운 꿈이 되고, 좌절한 사회운동

국민을 이기는
대통령 어딨어

2008. 7. 4, PM 10:11, 서울광장, 김봉규

가에게 대안의 전략이 되는 바로 그것.

촛불은 이미 승리했다. 바로 그런 의미에서.

주요섭

주중에만 서울에 머물렀던 상황에서 주로 초록정치연대 회원들이나 한살림 회원들과 함께 집회에 참여했다. "생명이 먼저다"라는 손 팻말을 들고, 밤 새워 자신의 삶을 이야기하는 시민들의 자유는 참 아름다웠다. 특히 생명평화운동 단체들과 함께 준비하고 참여했던 7월 5일 국민승리대회는 감격적 이었다. 나에게 촛불은 은하수이다. 우주적 공명을 일으킬듯 광화문에서 남대문까지 물결치듯 장엄하게 흐르는 은하수. 대화문화아카데미 연구위원 이며 생명평화공명(준) 작목반장, 정읍전주 한살림 이사로 일하고 있다.

어둠은
빛을
이길 수 없습니다

2008. 7. 5, PM 8:31, 세종로, 이종근

2008. 7. 4, PM 10:16, 서울광장, 김봉규

어둠은
빛을
이길 수 없습니다
218

참회와 깨달음의 뒤끝,
스님들과 신부님들, 그리고
이미 예수님과 부처님의 얼굴을 닮은
수많은 민초들은 오체투지와 탁발순례로,
기륭전자 노동자들의 농성장과
언젠가 운하로 파헤쳐질지도 모를
한강과 낙동강에서 보이지 않는 촛불의 행진을
이어가고 있다.

어둠은
빛을
이길 수 없습니다

2008. 6.30, PM 8:40, 서울광장, 탁기형

대통령의 힘과 교만을 탄식함

"거짓 예언자들을 조심하여라. 그들은 양의 탈을 쓰고 너희에게 나타나지만 속에는 사나운 이리가 들어 있다. 너희는 행위를 보고 그들을 알게 될 것이다. 가시나무에서 어떻게 포도를 딸 수 있으며 엉겅퀴에서 어떻게 무화과를 딸 수 있겠느냐?"(마태 7,15)

차마 눈뜨고 볼 수 없는 참상이 벌어지고 있습니다. 국민을 상대로 마구 저지르는 오늘의 폭력상과 거짓을 지켜보며 우리는 분노합니다. 주권재민을 힘껏 외치는 시민들의 고뇌를 마음에 품고 오로지 기도에 집중하기 위하여 사제들이 오늘까지 이렇다 할 의견 표명과 행동 없이 침묵 중에 지냈으나 이제 그런 절제도 아무런 의미가 없게 되었습니다. 국민이 그토록 간절하게 호소했건만 정부가 미국의 압박에 자진 굴복하여 문제의 쇠고기와 위험한 부속물 수입을 전면 허용해버렸기 때문입니다. 게다가 들끓는 국민 여론을 제압하기 위하여 몽둥이와 방패로 시민들을 패고 내리찍으며 무참히 폭력을 행사했습니다. 이로써 촛불에 담겼던 간곡한 뜻은 짓밟혔고 우리는 대통령과 정부의 존립 근거에 대하여 묻지 않을 수 없게 되었습니다.

천주교정의구현사제단은 이명박 대통령과 정부 각료들, 그리고 한나라당의 교만과 무지를 탄식하면서 그들의 병든 양심을 교회의 이름으로 엄중하게 꾸짖고자 합니다. 아울러 이 땅에 하느님 나라를 선포해야 하는 사제의 양심에 따라 오늘 대한민국의 민주주의가 심각한 위기를 맞고 있다는 점을 경고합니다.

2008. 6.30. PM 7:57. 서울광장. 박기형

먼저 보수언론의 폐해를 지적합니다. 참여정부 시절 광우병 위험성을 무섭게 따지고 들다가 현 정부가 출범하자마자 미국산 쇠고기의 절대 안전을 강변하는 〈조선일보〉, 〈중앙일보〉, 〈동아일보〉의 표변과 후안무치는 가히 경악할 일입니다. 정론직필의 본분을 버리고 이해득실에 따라 말을 뒤집는 언론의 실상이 널리 알려진 것은 만시지탄이나마 다행이 아닐 수 없습니다.

대통령이 국가 정책의 많은 부분에 대하여 국민을 속이고 있는 현실은 더욱 큰 불행입니다. 대통령은 국민이 순진하다고 착각하는지 모르겠습니다. 하지만 대다수 국민은 그의 궤적을 잘 알면서도 혹시 경제문제 해결에 도움이 될까 싶어 지난 대선의 결과를 빚어낸 것뿐입니다. 대통령은 국민의 기대에서 점점 멀어지고 있습니다. 금번 쇠고기 협상에서 드러난 정부의 무능도 울분을 터뜨릴 일이지만, 높이 받들고 깊이 새겨야 할 천심을 폭력으로 억누르는 정부의 교만한 태도는 도저히 용납할 수 없는 일입니다.

그저 미국에 충성하려드는 맹목적 사대주의도 딱한 일이거니와 오늘 우리 사회에 불어닥친 재앙은 무엇보다도 돈을 위해 정신의 가치를 값싸게 여기는 정부의 경박한 물신숭배에서 비롯했음을 지적합니다. 국민이 바라는 것은 값싸고 질 좋은 외국산 쇠고기가 아니라 모두가 공생공락하는 드높은 자존감입니다. 국제적 망신을 일으킨 졸속협상이나마 정부의 주장대로 이에 복종하는 것이 한미 FTA 체결 조건에 유리하고, 그래서 자유무역이 혹시 경제지수를 끌어올릴 것이라는 억측이 설령 옳다고 가정해도 그 결과는 이미 굳어질 대로 굳어진 양극화 현상을 더욱 극단으로 몰고 갈 것이라는 게 교회의 판단입니다. 결국 정부는 불행한 미래를 강요하는 수단으로 공권력을 악용하여 국민의 통곡과 신음을 억지로 틀어막고 있는 것입니다.

우리는 "어둠이 빛을 이겨본 적이 없다."(요한 1,5)는 성경 말씀을 묵상하면서 오늘까지 촛불을 지켰던 민심을 지지하고 격려합니다. 우리 사제들은 청정한 수도자들과 전국의 모든 교우들과 함께 무장경찰들의 폭력에 숭고한 촛불의 뜻이 꺼지지 않도록 지켜드리고자 합니다. 정부는 원천봉쇄와 강경진압, 그리고 오늘 아침에 벌어진 광우병국민대책회의 압수수색과 체포 따위로 진실을 어둠에 가두려고 하겠지만 이런 모진 마음 때문에 국민이 받는 상처와 모욕은 더욱 깊어갈 것입니다. 이에 우리는 대통령에게 호소합니다.

1. 국민은 너그럽습니다. 대통령은 우선 쇠고기 협상의 실패를 인정하고, 국민 앞에 겸손하게 사죄를 청하는 뜻으로 장관 고시를 폐하고 쇠고기 전면 재협상을 선언하길 바랍니다.

2. 먼저 들으셔야 합니다. 소통을 강조하는 대통령은 먼저 국민의 소리를 들으시고 그 진실을 깊이 헤아린 다음 국민과의 대화에 나서길 바랍니다.

3. 국민은 현명합니다. 문제의 핵심은 국민 건강의 안전성과 이를 보증할 검역 주권입니다. 일부 언론이 쇠고기 문제를 친미와 반미, 진보와 보수의 이념 갈등으로 몰아감으로써 핵심을 왜곡하지 말아야 합니다.

4. 과잉폭력 진압을 지시한 어청수 경찰청장을 해임하고 시위 중 연행된 사람들과 대책회의 구속자들을 전원 석방하십시오. 그리하여 존엄을 바라는 국민의 상처를 씻어주길 바랍니다.

5. 국민 여러분께도 호소합니다. 촛불이 평화의 상징이며 기도의 무기이며 비폭력의 꽃입니다. 우리가 비폭력의 정신에 철저해야만 폭력의 악순환을 끊어버릴 수 있습니다.

마지막으로 모든 신앙인에게 호소합니다. 촛불은 안으로는 내면의 욕심을 불태우고, 밖으로는 어둠을 밝히는 평화의 수단입니다. 저마다 마음을 비우고 맑게 하여 지친 세상을 위로하고 서로에게 빛이 됩시다.

2008년 6월 30일

천주교정의구현전국사제단

현 시국을 두 눈으로 봅시다

우리는 80년대의 험한 산을 힘겹게 넘어왔습니다. 그리고 가까이 김대중 정부와 노무현 정부를 거치면서 이제 더 이상 넘을 산은 없을 것이라고 생각했습니다. 그런데 이게 웬일입니까? 이명박 정부가 들어서고 나서 돌연히 또 하나의 높은 산이 나타나 국민의 앞을 가로막고 있습니다.

실로 경악을 금할 수 없습니다. 이로 인해 지금 우리 사회는 무슨 큰일이 터질 것 같은 불안감에 휩싸여 있습니다. 이른바 쇠고기 협상을 다시 하라고 요구하는 국민과 그 요구를 수용할 수 없다고 버티는 정부와의 강경 대결이 이런 예측 불허의 긴장된 상황을 만들고 있습니다.

기차와 기차가 맞보고 달리면 그 결과는 공멸뿐입니다. 더군다나 이런 대결 상황을 이기고 지는 문제로 접근하면 해결 방법은 없습니다. 어느 쪽이건 진다는 것은 명예의식이 용납하지 않기 때문입니다. 그러므로 쇠고기 문제는 잘잘못으로 성찰해야 합니다.

물론 그 성찰에는 인간의 불완전함이 전제되어야 합니다. 인간은 불완전하기 때문에 누구나 실수도 할 수 있고 잘못도 저지를 수 있습니다. 그러나 인간은 위대합니다. 바로 그 잘못을 인정할 줄 아는 아량과 겸허함과 이성이 있기 때문입니다. 이것이 인간다운 아름다운 모습입니다.

이런 면에서 볼 때 이명박 대통령에게는 잘못이 있습니다. 이명박 대통령은 대통령으로서 한 눈을 감았거나 아니면 대통령이라는 콩깍지가 씌어서 한쪽 눈의 시력을 잃었습니다. 그로 인해 한 가지만 보거나 한쪽만 보는 잘못이 있습니다.

예컨대 쇠고기는 보면서 광우병을 보지 못하고 미국의 부시 대통령은 보면서 한국의 국민들은 보지 못합니다. 어디 그뿐입니까? 촛불시위의 허물은 보지만 대통령의 잘못은 보지 못하고 추가 협상까지는 보지만 재협상은 보지 못하고 뼈아픈 반성까지는 보지만 고쳐야 할 것은 보지 못합니다.

이런 눈 때문에 중고등학생들도 아는 생명의 가치를 대통령은 모르고 있습니다. 이것은 쇠고기 협상에서 볼 수 있습니다. 곧 30개월 이상의 쇠고기와 광우병 위험물질까지를 그것도 아주 쉽게 수입하기로 결정한 대통령의 태도에는 경제를 살리기 위해서는 광우병쯤은 감수하라는 주문이 담겨 있습니다.

그러나 중고등학생이나 국민들은 경제만 살아난다면 광우병에 걸려도 좋다는 것을 받아들일 수 없다는 것입니다. 다시 말하면 이명박 대통령의 747공약대로 한국 경제가 연간 7%씩 성장하고, 국민소득이 4만 불이 되고, 그리고 세계 7대 선진국에 진입한다고 한들 광우병에 걸려서 죽는다고 하면 그것이 무슨 의미가 있겠냐는 것입니다.

결국 경제라는 것은 사람이 폼 나게 살아가는 데에 필요한 조건으로서 요구되는 것이지 죽은 다음에 황금산을 가진들 무슨 가치가 있겠습니까. 인간의 생명 위에 존재할 것은 아무것도 없습니다. 그럼에도 이명박 대통령은 계속해서 한국 경제를 위해서는 재협상을 할 수 없다고 뭉개고 있습니다.

그리고 이제는 공권력의 폭력을 합법화해서 촛불시위를 제압하려는 의도를 굳히고 있습니다. 최근의 공권력이 자행한 무자비한 폭력을 보면 이명박 대통령이 과연 민선 대통령이 맞는가 하는 의구심마저 듭니다. 왜냐면 쿠데타로 집권한 대통령이나 쓸 법한 후진국 수준의 낡은 방법을 구사하고 있기 때문입니다. 이에 좌시할 수 없어 종교계의 성직자들까지 거리에 서게 되었습니다.

2008. 7. 4. PM 8:15, 서울광장, 김봉규

이것이 이 나라에 어떤 상징성을 갖고 있는가. 이명박 정부는 그에 대한 깊은 성찰이 있어야 합니다. 그리고 그 진지한 성찰을 통해서 이제 대통령은 최종적으로 대통령으로서 잘못을 깨달아야 합니다.

캄캄한 방에 촛불을 밝히면 일시에 어둠이 사라지듯, 잘못을 깨달으면 그 잘못의 허물도 금방 일소됩니다. 양쪽을 다 보지 못하고 한쪽만 본 것 때문에 쇠고기 협상에 있어서 대통령으로서 막을 것을 막지 못하고 지킬 것을 지키지 못한 점, 그러면서 반대급부도 없이 오히려 주기만 하고 물러서기만 했다는 점을 깨달아야 합니다.

그러면 시력은 정상적으로 회복될 것입니다. 따라서 두 눈으로 보면 미처 보지 못했던 것도 보게 될 것이고 그렇게 되면 재협상의 당위성도 발견하게 될 것입니다. 그리하여 국민의 뜻을 좇아 재협상을 선언하고 그로 인해 부정적으로 보였던 모든 고정관념이 해소되어 다시금 국민들로부터 지지를 받는 대통령으로 다시 태어나기를 바랍니다.

한 눈으로 보면
촛불만 보이지만
두 눈으로 보면
촛불 속의 영혼까지 보입니다

씽씽 바람이 되는 이여
알아야 합니다.
영혼이 있는 촛불은
폭풍도 끄지 못한다는 것을

이 촛불 앞에서
두 눈으로 보면
안 보이던 종달새의
노래 소리도 다 보이는데

그대는 어찌하여
한 눈을 감고
두 뿔로 들이받는 쇠귀신은 보지 못하면서
안 보이는 금송아지 꼬리만 보인다 합니까

2008년 7월 4일

조계종 교육원장 청화

10

계속

마침표 아닌 쉼표

_최현주

7월 6일~

2008. 7.17, PM 9:15, 청계광장, 이정용

지켜줄게
PD수첩
이명박정권 방송장악저지행동

지켜줄게
PD수첩
이명박정권 방송장악저지행동

지켜줄게
PD수첩
이명박정권 방송장악저지행동

파괴
경박
www.antimadcow.org

국민이 명한다
언론장악 중지하라

꿈이었나? 분명히 광장의 촛불은 잦아들었는데, 계속 촛불의 환영을 보고 있다. 슬쩍 촛불의 그림자가 비치기도 하고, 어디엔가 촛농이 떨어져 있기도 하고. 2008년 늦가을, 여전히 촛불이 우리를 움직이고 있다.

4월 18일에 불을 밝혀, 5월 민심의 파도와 참여의 폭발을 지나, 6월에는 거대한 바다를 이룬 촛불의 대장정은, 7월 5일 스스로의 의미를 '국민승리'라고 선언했다. 8월 15일에는 100일 기념행사가 열렸다. 그렇게 장장 100일이나 촛불은 광장에 머물렀다. 그리고 광장의 촛불은 잦아들어갔다. 당연한 순차였다. 점화하고 폭발했으면, 다음 단계로 넘어가는 것이 당연했다. 오히려 폭발한 민심이 '100일'이나 광장에 머물러 있었다는 것이 기적에 가까웠다. 차츰 사람들은 일상으로 복귀해갔다. 기말고사, 쌓인 집안일, 밀린 업무 등 잠시 미뤄두었던 일상의 과제를 풀기 위해 각자의 삶의 공간을 향해 갔다. 그렇게 촛불은 사그러지는 듯 보였다.

삶의 공간에 스며든 촛불

하지만 사람들은 여전히 촛불을 이야기하고 있었다. 촛불 과정을 통해 다시 만나게 된 이들 사이에서도, 촛불을 통해 새로운 지인이 된 이들 사이에서도 촛불은 켜고 꺼지기를 반복하고 있었다. 모두 과거형이 아닌 현재 진행형이었다. 광장을 떠난 촛불은 어디로 갔을까. 그리웠고 궁금했다. 궁금증은 이내 풀렸다. 촛불은 사람들 곁에 머물러 있었다. 광장이 아닌 삶의 공간에 스며들어 있었다. 점차 촛불은 불의 속성보다 물의 속성을 닮아가고 있었다. 한줄기는 서울광장에서 가까운 은평구에 촛불시냇물을 만들었다. 은평의 촛불은 평일 중 하루를 선택해 모이기 시작했다. '은평아 모여라'라는 작은 플래카드와 함께 응암역과 연신내역 물빛공원에 모여, 평범한 화요일 저녁들을 촛불로 밝혀간다. 10월이 지나가던 즈음, 수원역 근처에서는 경기남부지역의 서른 번째 촛불문화제가 열렸다. 광장에서의 촛불과 사뭇 비슷한 형태였다. 밴드가 열창을 하고 정치패러디 촌극이 열리고 노래와 춤이 어우러져 흐드러진 민주주의 촛불 축제를 통해, 시민들은 발랄하지만 단호하게 정부의 잘못된 정책을 비판하며 민심을 드러냈다. 강릉, 포항, 대구, 나주, 청주 그리고 제주에서도, 크고 작은 촛불들이 켜지고 꺼지며 이어지고 있다는 소식이 전해진다. 온라인을 통해 촛불은 끊임없이 제안되고 진행되며 꿈틀대고 있다.

촛불과정에서 참여의 용광로였던 한 포털 사이트는 새로운 시민그룹을 탄생시켰다. '아고리언'이 그들이다. 그리고 수많은 '누리꾼모임'이 있었다. 이들은 '온라인 시민계급'이 등장했음을 의미한다. 그런 의미에서 2008년의 촛불은 '온라인 시민혁명'의 성격도 갖는다고 볼 수 있다. 그들은 단순한 개인들의 합이 아닌, 정체성을 가진 유기적 집단으로 변화해 나갔다. 온라인 시민계급의 등장은 모두를 전율케 했다. 그들 스스로도 경탄했다. 이들은 온라인에서 자각하고 태동했으나, 이내 온라인의 경계를 넘는다. 촛불집회 국면에서 등장한 수많은 '카페 깃발'은 이들의 활동이 더 이상 온라인 공간에만 국한되지 않는다는 것을 의미했다. 촛불이 소강국면에 접어든 이후에도 이들의 활동은 중단되지 않았다. 시민으로서의 자각은 되돌릴 수 없는 정치적 진화였다. 누군가 정리하고 대신 대변해주기를 기다리는 대신, 이들은 오프라인 공간에서도 온라인의 개방과 공유, 참여와 연대의 활동패턴으로 새로운 촛불을 만들어가고 있다. 책이 출간되기도 하고, 촛불로 깨어난 누리꾼들이 서로 어깨를 걸어가는 과정이 진행되고 있기도 하다. 이렇게 온라인과 오프라인이란 경계 따위는 원래부터 존재하지 않았던 것처럼 자유자재로 움직이며, 새로운 형태의 촛불을 만들어내는 중이다.

변화는 고통을 수반하기도 한다. 2008년의 촛불은 이들의 삶을 송두리째 바꿔놓기도

2008. 7.13, AM 1:46, 서울시청 앞, 박종식

계속

2008. 7.17. PM 11:32. 종로구 수송동. 이정웅

했다. 직접 거리에서 정치적 의사를 표현하고, 발언했던 이들이 다시 일상으로 돌아갔을 때 겪는 첫 번째 고통은 밀린 일거리 따위가 아니다. 과거에는 보이지 않던 모순 덩어리들이 하나둘 발에 차인다는 것이다. 촛불집회 현장에서 '내가 직접 경험한 사실'을 편파왜곡 보도하는 보수언론에 대한 배신감은 단순한 고통거리에 불과하다. 기존 질서에 안착한 기성세대와의 논쟁은 피할 수 없는 인간적 고통이다. 촛불이 불러일으킨 정치적 각성의 크기만큼, 고통도 크다. '개념시민'으로 다시 태어나는 고통이다. 이들이 속한 커뮤니티의 성격에 '개념시민'의 학습과 실천의 공간도 추가된다. 여기에서 촛불은 눈물도 되었다가 분노도 되었다가 웃음이 되기도 한다. 토닥토닥 격려하며 함께 시민으로 성장해가는 커뮤니티 속에 촛불은 머물러 있다.

'시민채증단'을 자처해 카메라를 통해 촛불과정을 기록하고 공권력의 폭력 진압에 맞섰던 시민기자들을 비롯해, 새롭게 등장한 게릴라 미디어들도 '진화' 중이다. 〈민중의 소리〉, 〈오마이뉴스〉 등의 미디어, 〈아프리카〉 등의 동영상 포탈, 참여연대의 〈피플TV〉 등 시민단체의 영상미디어와 함께, 거리에서 촛불을 기록하고 전달했던 카메라들이 일상적 연대를 꿈꾸기 시작했다. 거대하지만 현장의 진실과는 거리가 있는 기존 미디어를 대신하기 위해서는 최소한의 물적인 토대가 필요하다는 점에 인식을 같이했다. 그러나 쉽지 않은 일이었다. 방송 장비나 인력 등 함께 모인다고 해도 열악한 상황은 쉽게 극복되지 않았다. 이들은 꿈을 포기하는 대신, 꿈을 쪼갰다. 우선 '촛불 영상 아카이브'부터 구축하기로 한 것이다. 촛불 영상물을 '공공의 자료'로 모아가면서, 단체 간의 담을 훌쩍 뛰어넘었다. 사회 이슈에 대한 첫 공공의 '영상 아카이브'가 탄생을 기다리고 있다. 이것이 토대가 되어, 새로운 시민 미디어 형태를 잉태하게 될 것이다. 촛불은 아카이브에 담겨 스스로의 모습을 뽐내며, 미디어 영역의 또 다른 진화를 추동할 것이다.

브레이크 없는 역주행이 두렵다

이렇게 국민들이 촛불과 함께 '진화'를 거듭하는 사이, 대통령과 정부는 어떤 꿍꿍이짓을 하고 있었을까. 현명한 지도자라면, 국민이 만든 '전무후무한 민주주의 폭발'의 성과를 적극적으로 해석하고 승계했을 것이다. 적어도 광우병 이슈의 핵심인 '국민의 먹을거리에 대한 국가 통제력 정상화 요구'를 행정적으로 처리하고, 촛불과정에서 확인된 '국민과 소통 안 되는 지도자'라는 치명적 오류를 고치기 위해 실질적인 방안을 마련했어야 마땅했다. 그러나 우리의 지도자는 엉뚱한 선택을 하고 만다. '국민의 먹을거리에 대한 통제' 대신, '국민을 통제'하려고 들었다. 이명박 대통령이 스스로 두 차례나 국민 앞에 머리를 조아려가며 사죄한 사안이라면, 광우병 이슈에 대한 정권 내부의 시시비비란 분명한 것 아닌가. 어제는 스스로 잘못했다고 사죄하고, 다음날 잘못을 지적했던 국민들을 무차별적으로 연행하고 검거했다. 국민들로서는 도무지 납득하기 어려운 대통령의 태도였다. '유모차 부대'는 '아동학대 부모'가 되었고, 촛불을 손에 들고 있던 국민들은 '폭도'가 되어 있었다. 대통령이 사과를 하기 전에도 이들은 촛불을 들고 모여 있었을 뿐이고, 사과 후에도 촛불을 들고

2008. 7.18. AM 10:07. 프레스센터. 김명진

계속

모여 있었을 따름이다. 같은 행동이 어떤 날에는 '올바른 지적'이 되고, 어떤 날에는 '폭도'가 되는지, 국민들은 알 수 없었다. 경제가 문제라면서 대통령과 정부여당은 온통 좌파 타령만 했다. 정부와 여당의 근거 없는 '좌파 타령'도 이상했으나, 더욱 당혹스러운 것은 경찰과 검찰이었다. 권력으로부터의 검찰권 독립을 외치던 그 집단이 맞는지 의심스러울 정도였다. 아침에 청와대가 기침을 하면, 오후에 검찰과 경찰이 칼을 휘두르는 식이었다. 정도가 심했다. 조중동 광고 중단 등을 요청한 사안이 수조 원을 횡령한 경제범의 대우(?)를 받으며 '출국금지'되는 웃지 못할 상황이 벌어졌다. 삼성그룹 비자금 수사에는 검사 네 명을 배치한 검찰이 〈PD수첩〉이라는 일개 프로그램 수사에 다섯 명의 검사를 배치하는 상황까지 벌어졌다. 지난 14년간 사법감시활동을 해오며, 검찰 독립을 주장하고 이를 위해 모니터해 온 한 시민단체는 이 정도 수준이라면 누구보다도 검찰 스스로가 부끄러울 것이라고 판단했다. 촛불집회 때 큰 호응을 얻었던 '일선 경찰과 검찰에게 정신차려라'는 엽서보내기 캠페인이 현재 '검찰과 법무부 제자리 찾아주기 프로젝트'로 이어지고 있는 까닭이다.

그러나 국민을 공포에 떨게 만드는 것은 촛불에 대한 탄압이 아니다. 1% 특권층만을 향한 현 정부의 브레이크 없는 역주행. 이것이 공포의 실체다. 땅부자 2%의 감세를 위해, 98%의 국민이 희생되어야 하는 '종부세 완화'가 대표적인 정책 사례다. 부동산 투기를 용인하는 각종 규제완화, 귀족중학교라는 별칭이 더 유명한 '국제중학교' 추진, 재벌기업의 은행소유까지 허용할 금산분리 완화, 재벌신문사의 방송사 겸업 허용 등 정부는 1% 특권층과 권력층을 위한 진수성찬을 준비하고 있다. 사랑도 지나치면 병이 된다. 대통령의 지나친 편애는 나머지 국민을 연일 자극하고 있다. 미국발 금융위기로 한국경제가 뿌리채 뒤흔들리고 연일 중소기업과 중산층 몰락이 보도되던 10월에 정부는 '10·21 부동산 대책'이라는 명목으로 9조2천억 원의 국민혈세를 풀어 사실상 건설사 부실을 정부가 메꾸겠다고 밝혔다. 총체적인 경제 위기에 대한 근본적인 대책수립 요구에 대통령은 "나도 펀드 가입하겠다"는, 도무지 국정운영자의 답변이라 할 수 없는 말을 했다. 그리고 보니 어디선가 들어본 듯하다. 광우병을 우려하는 민심에 대해 정책적 대책이 아니라 "내가 먹겠다"는 답변을 했던 바로 그 대통령의 말씀이다. 이 지점에서 국민들의 공포는 더욱 심해진다. 국민과의

2008. 8.15. PM 8:11. 명동. 박종식

계속

소통을 포함한 국정운영상 난맥, 과연 이 정부가 이를 해결할 의지와 능력이라도 있는 것인가에 대한 의구심.

그래서 국민들은 슬프고 두렵다. 민주주의의 역주행, 민생의 역주행, 경제살리기의 역주행 속에서 대다수 국민의 삶은 어떻게 될 것인지 두렵고 슬프다. 그렇게 겨울이 되어간다. 사람들이 옷깃을 여미는 것은 비단 쌀쌀한 날씨 탓만이 아니다.

국민들이 마음을 태워 만들어낸 빛

2008년 촛불은 한국사회에 '생명과 민주주의의 소중함'이라는 큰 메시지를 던졌으나 그것이 현실을 바꾸는 수준에는 미치지 못했다. 그리고 지금은 광우병보다 더 거대한 의제들과 마주하고 있다. 촛불의 경험을 토대로, 촛불을 넘어서는 사회연대를 실현할 주체가 필요하다는 요구가 터져나왔다. 대책회의가 그 역할을 할 수 없었다. 촛불집회에 참여했던 다양한 집단과 개인 사이에 많은 논의가 오고 갔다. 그리고 10월 25일 '민주주의 페스티발'과 함께 '민생민주 국민회의'가 탄생했다. 노동자, 농민, 도시빈민, 학생 등 대중조직, 촛불운동을 이끈 누리꾼, 각 영역의 시민사회운동단체, 생활 속의 풀뿌리 주민조직을 비롯하여 한계 상황에 다다른 중소상공인모임, 언론의 자유를 주창하는 언론인, 현 정권에 비판적인 지식인, 종교계, 시국을 걱정하는 각계 인사, 여러 정치세력 등 민주주의와 민생의 위기를 걱정하는 집단과 개인이 모이는 폭넓은 연대기구다.

작은 반전도 예고되어 있다. 법원이 '집시법의 야간 옥외집회 금지' 조항에 대해 위헌이라 판단한 것이다. 촛불집회를 주도한 혐의로 구속되었다 풀려난 대책회의 안진걸 조직팀장의 위헌법률심판제청을 받아들여 서울중앙지법이 '야간 옥외집회를 금지한 집시법 10조와 23조 1호에 대해 위헌법률심판을 헌법재판소에 제청'한 것이다. 정부는 '촛불탄압'의 무기를 내려놓아야 할 상황에 직면했다. 정부는 '야간 옥외집회 금지' 조항을 근거로 촛불집회 참여자들을 범법자이고 폭도라고 처벌하였으나, 그 유일한 법적 논리를 상실하게 된 셈이다. 또한 정부가 온건하고 합법적인 법 집행이라 주장하는 '촛불집회 과정 중의 경찰의 폭력

나눔문화

국민이준 힘으로
누구를 지키는가

2008. 7.20. AM 4:07, 종로 1가, 김종수

적 진압행태'도 국내외 인권기관들에 의해, 거짓말임이 드러났고 시정을 요구받고 있다.

10월 25일, 다시 청계광장에 촛불이 모였다. 두 달여 만에 다시 만난 촛불들이다. 이번에도 국민들은 심각한 우려와 상기된 분노를 해학으로 표현해낸다. '민주주의 페스티발'에서는 '나라걱정 가요제'가 열리고 국민들은 거리의 가수가 되어 춤추고 노래하며 정부에 대한 분노와 요구를 발랄하게 전달했다. 이번에도 촛불의 진정한 배후는 대통령과 정부 여당이다. '반토막 시대'라는 신조어처럼 불과 몇 달 사이에 국민의 삶의 질은 반토막이 날 위기에 처해버렸다. 국민들이 할 수 있는 저항은 이번에도 촛불 정도이다. 초 한 자루 켜 들고 찬바람 부는 광장에 모여드는 정도. 사실 초가 아니어도 상관없다. 촛불이든 라이터든, 뿔난 머리띠든 양복과 티셔츠든, 아예 아무것도 들고 있지 않다 해도 괜찮다. 그것들은 서로가 서로를 알아보기 위해, 저 멀리 국민과 담장을 높게 쌓고 눈과 귀를 닫아버린 권력 자들에게 우리의 분노와 열망을 보여주기 위한 상징이 아닌가. 겉모양이 어떻든 속 고갱이는 바뀔 수 없다. 일부가 좌익빨갱이, 반정부세력 등이라 억지 포장해도, 촛불의 본질은 달라지지 않는다. "대한민국의 주권은 바로 우리, 국민으로부터 나온다. 국민의 마음을 제대로 파악하고 똑바로 국정을 운영하라!"는, 국민이 정부에게 보내는 경고와 선언이 그 본질이다. 2008년 봄과 여름 대한민국을 밝힌 촛불의 불빛은 초가 만들어낸 빛이 아니었다. 국민들이 마음을 태워 만들어낸 빛이었다. 세상의 모든 초가 사라진다고 하더라도, 국민이 분노하면 다시 불붙어 길을 밝힐 그런 빛이었다. 그리고 2008년 겨울의 문턱, 다시 불빛들이 모여드는 소리가 들려온다.

최현주

촛불 정국을 보는 마음은 복잡했다. 민주주의의 대폭발 과정을 지켜보며 흥분에 겨웠지만, 다른 한편 이렇게 폭발적인 시민의 요구와 변화에 대해 무지하고 무능력한 시민단체 활동가로서의 자신이 부끄럽기도 했다. 2008년 여름 내내, 촛불 속에 있었으나, 집회 현장에는 많이 머물지 못했다. 민주주의 축제에서 시민단체가 시민들과 함께 어울리기 위해서는 다양한 실무들이 필요했고, 그 실무들에 갇혀 대체로 사무실 밖을 벗어나지 못했다. 그 짜릿한 광장의 경험을 제대로 누리지 못한 것이 개인적으로 안타깝다. 하지만 당시에는 안타까울 틈도 없었다. 이 책을 펴내는 과정을 통해 비로소 촛불을 돌이켜본다. 한여름의 꿈이 아니었을까 싶도록 아름답던 순간들이었다. 그리고 그 빛은 지금도 이어지고 있음을 마음만이 아닌 머리로도 알게 되었다. 이제 촛불이 시민운동에게 던진 숙제를 본격적으로 고민해야겠다. 현재 참여연대 교육홍보팀장으로 일하고 있다.

2008. 7.17. PM 11:32, 종로구 수송동, 이정용

2008. 7.27, PM 7:22, 신월동 성당, 박종식

2008. 7.12, PM 11:11, 을지로 1가, 박종식

2008 촛불 일지

1 ~ 5월 1일

2008. 3. 5	미 무역보고서, 한국에 쇠고기 시장 전면 개방 촉구
2008. 4. 6	네티즌 '안단테', 다음 아고라에 이명박 대통령 탄핵 청원 (5월 4일 100만 명 돌파)
2008. 4. 11	한미, 쇠고기 수입 조건 개정 협상 재개
2008. 4. 15	교육과학기술부 '학교자율화' 추진 계획 발표
2008. 4. 17	한미 쇠고기 협상 타결, 연령 제한 단계 해제
2008. 4. 19	중고등학생 주도 학교자율화 반대 집회
2008. 4. 28	야 3당, 쇠고기 상임위 청문회 개최 합의
2008. 4. 29	MBC 〈PD수첩〉 '긴급취재, 미국산 쇠고기, 과연 광우병에서 안전한가?' 방송

2 5월 2일 ~ 5월 23일

2008. 5. 2	'미 쇠고기 수입 반대' 1차 촛불집회 / 정부 "광우병은 괴담이다"는 해명 기자회견 / 대통령 지지도 처음으로 30%대로 급락
2008. 5. 3	한나라당, "촛불집회는 반미, 반정부 좌파 세력이 선동" 논평 발표
2008. 5. 6	네티즌, 노동·농민·시민단체 대표자, 정당관계자 등이 참여한 1,700여 개 단체가 광우병국민대책회의 결성 / 서울경찰청장 "앞으로 정치구호가 등장하면 처벌하겠다"고 논평
2008. 5. 7	서울시 교육감 중고생 촛불집회 참석에 전교조를 배후로 지목 / 국회 농해수위 미 쇠고기 수입 청문회 / 농림수산식품부 장관 "미 광우병 발생하면 수입중단" 발표
2008. 5. 8	한승수 총리 대국민담화, 상황 발생 시 협정 개정 요구하기로 발표
2008. 5. 11	정부 쇠고기 협상팀의 영어 해석 오류가 송기호 변호사에 의해 밝혀짐
2008. 5. 14	농림수산식품부 장관, 미 쇠고기 수입 위생 조건 고시 7~10일 연기 발표
2008. 5. 15	전주 덕진경찰서 정보과 형사, 수업중인 고등학생 불러내 촛불집회 참석 배후조사
2008. 5. 17	미친소·미친교육 반대 촛불문화제에 김장훈, 윤도현밴드, 이승환 등 대중연예인 대거 참여 / 서울시 교육청, 학생지도지침에 따라 관계자를 집회 현장에 배치 / 학생들 복면 착용
2008. 5. 20	한미 쇠고기 검역 주권 명문화 합의 발표
2008. 5. 22	이명박 대통령 "쇠고기 문제 송구" 대국민 담화 / 한국산업기술연구원 김이태 연구원 대운하 관련 양심선언 / 촛불문화제 관련 중고등생 탄압에 대한 인권위 긴급구제 신청 및 진정서 제출

2008. 5. 23   정부, 미 쇠고기 관련 온라인 광고 중단 / 정운천 농림수산식품부 장관 해임건의안 부결

3   5월 24일 ~ 5월 28일

2008. 5. 24   17차 촛불집회 후 첫 거리시위 및 밤샘 집회 / 어청수 경찰청장 현장 지휘, 물대포 발사 / 25일 새벽, 최초 연행 (51명)

2008. 5. 25   전주에서 촛불시위를 하던 이병렬 씨 분신

2008. 5. 27   경찰 토끼몰이식 강제진압 / 경찰 촛불집회 주최자 10명 소환

4   5월 29일 ~ 6월 1일

2008. 5. 29   새벽 0시 30분경 시민 100여 명이 연행되며 닭장차 투어 등장 / 여대생 군홧발 폭행 / 정부, 미국산 쇠고기

                       수입 위생 조건 장관 고시 발표 강행 / 유모차 부대 등장

2008. 5. 31   24차 집중 촛불문화제 / 경찰 소화기 분사, 물대포, 경찰특공대 투입, 시민 228명 연행, 60명 부상

2008. 6. 1   25차 촛불대행진 / 이명박 대통령 "촛불은 누구 돈으로 산거냐?" 발언 / 프랑스 파리서 유학생 및 교포들 촛불시위

5   6월 2일 ~ 6월 9일

2008. 6. 2   네티즌, 다음 아고라를 중심으로 조·중·동 광고 불매운동 시작

2008. 6. 4   비상시국대표자회의 개최, 6.10 100만 촛불행진을 위한 국민행동제안 채택 / 이상득 의원 "촛불 참가자는

                       실업자, 서민, 노숙자 등" 발언 / 대학교 잇단 동맹휴업

2008. 6. 5   72시간 릴레이 국민행동 기간 선포 / 특수임무수행자회 서울광장 점거 / 민변, 협상무효·고시무효를 위한 헌법

                       소원 청구 (총 103,476명 참여)

2008. 6. 7   독일, 캐나다, 프랑스, 미국, 영국, 러시아, 브라질, 호주, 대만에서 유학생과 교민들 지구촌 촛불 파도타기

2008. 6. 8   72시간 릴레이 촛불집회 마무리 / 보건의료인 5,222명 시국선언

2008. 6. 9   오이, 김밥, 생수, 건강탕, 순두부 등 줄 잇는 촛불 후원 / 이명박 비판하며 분신한 이병렬 씨 사망

6   6월 10일

2008. 6. 10   6.10 기념 100만 촛불대행진, 전 세계 여섯 번째, 국내 21년 만에 전국 100만 명 시위, 가수 양희은 씨와 70만

                       시민이 〈아침이슬〉 합창, 어청수 경찰청장이 제작한 명박산성 등장

7   6월 11일 ~ 6월 24일

2008. 6. 12   KBS 본관 앞 촛불 띠잇기 / 최시중 방송통신위원회 위원장 퇴진 운동 가속

2008. 6. 13	현역 전경 이 모(22) 상경 "촛불 진압은 양심에 반하는 일, 육군에 보내달라" 행정심판 청구
2008. 6. 14	고 이병렬 씨 추모 촛불문화제 / 보수단체 편파 보도 한다며 MBC 앞에서 LPG 가스통 화염방사 / 조·중·동 광고주 불매운동 관련 조선일보 '82cook닷컴'에 협박문 전달
2008. 6. 15	미국 쇠고기 수입 반대 외에 대운하, 민영화 반대로 의제 확대
2008. 6. 16	40차 촛불대행진, 주요 의제는 "공영방송 지키기"
2008. 6. 17	41차 촛불대행진, 주요 의제는 "대운하 반대" / 〈아프리카〉 문용식 사장 구속 / 소설가 이문열 "불장난 오래하면 데인다", 주성영 의원 "좌파 주도의 천민민주주의" 발언
2008. 6. 18	경찰 인터넷 전담팀 신설추진 / 이명박 대통령 5점 척도 지지율이 7.4%로 하락
2008. 6. 19	43차 촛불대행진, 주요 의제는 "의료민영화 반대" / 이명박 대통령 특별기자 회견 '두 번째 사과' / 제1차 국민대토론회 개최, 시민들이 직접 참여하여 촛불대행진에서 표출된 다양한 주제에 대한 토론 진행, 인터넷 생중계
2008. 6. 20	미국산 쇠고기 재협상 촉구 48시간 릴레이 국민행동 기간 선포 / 출범 117일 만에 정부 비서진 전면 개편 / 김경한 법무부 장관, 특정 신문 광고주 상대 네티즌 불매·광고중단운동 단속 지시
2008. 6. 21	한미 쇠고기 수입 추가협상 결과 발표
2008. 6. 23	국민들 정부에 끝장토론 제안 / 이명박 대통령, 조·중·동, 한나라당이 차례대로 "폭력 반미 시위꾼"이라며 촛불왜곡 / 보수단체 KBS 앞 1인 촛불시위 여성 각목으로 단체폭행 / 검찰, MBC 〈PD수첩〉 보도 관련 수사 착수
2008. 6. 24	48차 촛불대행진, 주요의제는 "4.15 학교자율화 반대" / 제2차 국민대토론회 개최

8 6월 25일 ~ 6월 29일

2008. 6. 25	이명박 정부 국민과의 끝장토론 거부 / 고시강행에 따른 광우병국민대책회의 대표자 긴급기자회견 / 시민들 경복궁역 앞에서 연좌시위, 무차별 연행 시작, 민주노동당 이정희 의원 강제연행, 12살 여자어린이 연행 후 풀어줌 / 새문안교회 앞 격렬 대치, 50대 조 선생님 손가락 절단, 시민139명 연행, 100명 부상 / 예비군 부대 공식 해산
2008. 6. 26	미국에서 광우병 위험물질 발견 쇠고기 전량 리콜 / 장관 고시 관보 게재 / 한승수 총리 "불법시위는 법과 원칙에 따라 엄청처리" 발언 / 경찰청 인권위원회 "인권과 어청수는 함께 갈 수 없다"며 14명 전원사퇴 / 민주노총 냉동창고 쇠고기 출하저지 투쟁
2008. 6. 27	홍준표 한나라당 원내대표 "촛불집회 핵심은 골수 반미단체" 발언 / 민주노총 냉동창고 2차 출하저지 / 서울시 촛불천막 강제철거 / 경찰 물대포에 최루액 섞는 방안 검토 / 광우병국민대책회의 집행부 8명 체포영장발부, 검거 전담반 편성
2008. 6. 28	경찰과 촛불시위대 대규모 충돌 / 광우병국민대책회의 간부 안진걸과 윤희숙 첫 구속
2008. 6. 29	금속노조 조·중·동 불매운동선언 / 서울광장 원천봉쇄, 종각서 항의집회 / 경찰장비 사용규정과 형사소송법 등 무차별 위반 / 색소혼합 물대포 사용, 시민 131명 연행, 400명 부상 / 정부 "촛불집회에 더 강력히 대응하겠다" 대국민 담화문 발표

9 6월 30일 ~ 7월 5일

2008. 6. 30 경찰, 광우병국민대책회의 전격 압수수색 / 검찰총장 "불법폭력 촛불시위 종지부 찍겠다" 발언 / 이명박 정부 1980년대 군사정권 이후 처음으로 3,200명의 읍·면·동장을 모아서 시국설명회 개최 / 천주교정의구현사제단 국가권력 회개를 위한 시국미사 집전, 단식 돌입

2008. 7. 1 천주교사제단 시국미사 이틀째 / 진보신당 당사에 특수임무수행자회 난입 폭행 / 목회자 그룹 청와대 행진 / 수입육 직판장 '에이미트'에서 미국산 쇠고기 최초 판매

2008. 7. 2 서울시 지역 촛불모임 시작 (마포, 강남)

2008. 7. 3 개신교 시국기도회 개최

2008. 7. 4 불교 시국법회 개최 / 앰네스티 국제사무국 조사관 노마 강 무이코 방한, 한국 정부의 과잉진압 조사

2008. 7. 5 전국대표자회의 개최, 평화실천행동단 제안 / 국민승리 선언 촛불문화제 개최, 비폭력 평화 행진

10 7월 6일 ~

2008. 7. 6 서울광장 다시 원천 봉쇄 / 광우병국민대책회의 지도부 수배자 6명, 조계사에서 농성 시작

2008. 7. 17 YTN 주주총회 개최, 구본홍 사장 날치기 선임

2008. 7. 25 중랑경찰서 소속 이길준(25) 이경, '촛불진압거부' '경찰의 과잉진압명령' 등 양심선언을 하며 부대복귀거부

2008. 7. 30 서울시 교육감 선거 공정택 후보 당선, 최종 득표율 공정택 40.1%, 주경복 38.3% / 경찰관 기동대 창설

2008. 7. 31 이길준 이경 기자회견 후 중랑경찰서에 자진출두, '전투경찰대설치법'에 대한 헌법소원 준비

2008. 8. 5 부시 미 대통령 방한, 경찰 갑호 비상령 선포 / 색소 물대포와 색소 분사기 사용 / 청와대 오찬서 '쇠고기' 등장

2008. 8. 11 이명박 대통령, KBS 정연주 사장 해임

2008. 8. 13 어청수 경찰청장 파면 서명운동 선포, 하루 만에 10만 명 돌파

2008. 8. 15 '광복절' 맞이 100차 대규모 촛불집회 / 뉴라이트 및 보수단체 '건국 60주년 행사' 및 건국절 논란

2008. 8. 20 '가축법' 개정안 여야 합의

2008. 9. 18 제9차 유엔인권이사회 정기회의에서 한국NGO 참가단 촛불시위 과정에서의 경찰 폭력과 인권 탄압에 관한 입장 발표

2008. 9. 30 강남성모병원 파견직 노동자 28명 해고

2008. 10. 20 10월 15일에 이어 기륭전자 농성자에 대한 용역직원의 집단 폭행, 경찰은 묵인 방조, 이후 폭력 연행

2008. 11. 5 잠행 농성 광우병국민대책회의 촛불수배자 5명 검거

2008. 11. 27 신세계 이마트, 홈플러스, 롯데마트 등 대형마트 미국산 쇠고기 판매 개시

2008. 12. 2 "KTX 여승무원 해고 무효, 실질 사용자는 코레일" 법원 판결

2008. 12. 10 미국산 쇠고기 수입 반대 민주노총 총파업 혐의로 민주노총 이석행 위원장 구속

2008. 12. 12 변질 미국산 쇠고기 발견, 해당 작업장 쇠고기 수입 중단 조치

2008. 12. 15 이명박 대통령 '4대강 종합정비' 공식 천명, 대운하 전초사업 논란

사진설명

4월 23일 새벽, 경북 경주시 외동읍 입실리 우시장에서 소 주인과 소를 사려는 농민들이 흥정을 하고 있다. 미국산 쇠고기 수입 발표 후, 평소 100마리 가까이 나왔던 소들이, 이날 40여 마리밖에 보이지 않았다. p.12

2월 10일 오전, 한미 FTA 농축수산 비상대책위 회원들이 한미 쇠고기 수입 위생조건 개정 협의가 열리고 있는 경기 안양시 국립수의과학검역원 앞에서 미국산 쇠고기 수입 중단을 촉구하고 있다. p.16

2월 26일 오후, 한미 FTA 협상의 미국 쪽 수석대표인 웬디 커틀러가 국회에서 여·야 대표를 만난 뒤 본관 건물을 나서고 있다. 그 뒤로 한미 FTA 국회 비준을 반대하며 15일째 단식농성 중인 강기갑 민주노동당 의원이 앉아 있다. p.17

4월 30일 오전, 아이쿱 생협연합회와 '광우병위험 미국산 쇠고기 국민감시단' 회원들이 서울 세종문화회관 앞에서 한미 쇠고기 협상 철회를 촉구하는 기자회견을 열어 정부의 협상 결과를 비판하고 있다. p.20

5월 2일 저녁, 서울 청계광장에서 최초의 촛불집회에 모인 학생과 시민들이 미국산 쇠고기 수입 반대를 촉구하며 촛불을 치켜들고 있다. p.24

5월 6일 저녁, 촛불집회에 참가한 여학생들이 손 팻말을 든 채 활짝 웃고 있다. p.27

5월 15일 오후, 전국 1,500여 시민사회단체와 네티즌 모임 등이 참여한 광우병국민대책회의 전국대표자회의가 열린 광화문 세종로 소공원에서 한 참석자가 자기 지역에서 펼쳐지는 촛불문화제에 대해 설명을 하고 있다. p.30

5월 7일 오전, '학교급식법개정과 학교급식조례제정을 위한 국민운동본부'와 '건강권 보장과 의료 공공성 강화를 위한 희망연대' 소속 회원들이 '쇠고기 청문회'가 열리고 있는 여의도 국회 앞에서 집회를 열어 "이명박 대통령은 국민 전체를 죽음으로 내모는 광우병 위험 미국산 쇠고기 협상을 무효화 하라"고 요구하고 있다. p.32

5월 15일 오후, 경기도 과천시 과천동의 한 연립주택 베란다에 '우리집은 광우병 쇠고기 수입에 반대합니다'라고 적힌 펼침막이 내걸렸다. 이곳 주민들은 "미국산 쇠고기 수입의 위험성에 공감하는 주민들이 뜻을 모아 펼침막을 만들었으며, 정부 과천청사 앞에서 1인 시위도 할 예정"이라고 말했다. p.33

5월 9일 저녁, 서울 청계광장에서 '광우병국민대책회의' 주최로 촛불문화제가 열려, 시민과 학생, 누리꾼들이 촛불을 치켜들고 미국산 쇠고기 수입 반대를 요구하고 있다. p.34

5월 22일 오전, 한미 쇠고기 협상 무효와 재협상을 촉구하는 생협, 여성, 학부모단체 회원들이 광화문 세종로 공원에서 연 '건강 주권, 검역 주권, 소비자주권 다시 찾기 퍼포먼스 난장' 행사에 온 한 어린이가 이명박 대통령과 '광우병 미국소 모형탈'을 쓴 참가자들을 보자 울음을 터뜨리고 있다. p.38

5월 17일 저녁, 5·18 전야제가 열린 광주 금남로 옛 전남도청 앞 5·18 민주광장에서 아빠와 아이가 길 위에 놓인 촛불 앞에서 환하게 웃고 있다. p.40

5월 6일 저녁, 촛불문화제에 참가한 한 학생이 '함께 살자 대한민국'이라고 적힌 손 팻말과 촛불을 들고 있다. p.41

5월 27일 저녁, 청계광장에서 촛불집회를 마친 시민들이 경찰의 봉쇄망을 뚫고 서울 명동 롯데백화점 앞에서 재집결해 행진을 시작하고 있다. p.43

5월 24일 저녁, 열일곱 번째 촛불문화제가 열린 청계광장에서 시민들이 촛불을 들어 올리고 있다. p.45

5월 26일 밤, 미국산 쇠고기 수입 반대 촛불문화제에 참가했던 시민들이 서울 종각 앞 거리에서 연행자의 즉각 석방과 협정철회, 평화적인 거리 시위 보장을 요구하며 경찰을 향해 장미꽃을 들어 보이고 있다. p.47

5월 27일 저녁, 거리행진을 하던 한 시민이 버스 속 승객들에게 행진 동참을 호소하고 있다. p.47

5월 25일 새벽, 경찰이 광화문 우체국 앞 도로에서 청와대로 향하던 촛불문화제 참가자들을 연행하고 있다. 촛불집회 참여자에 대한 최초의 연행이었다. p.48

5월 27일 저녁, 30대 회사원과 학생, 시민 등이 청계광장에서 '이명박 아웃'을 외치고 있다. p.52

5월 28일 새벽, 거리시위 참여자들을 경찰이 연행하려 하자 서울광장에 모인 시민들이 침묵한 채 줄을 지어 자발적으로 호송차에 오르고 있다. 이른바 자진 연행의 첫 순간이다. p.55

5월 28일 오후, 광우병 위험 미국산 쇠고기 전면 수입을 반대하는 대책회의 회원들이 서울 태평로 조선일보사 앞에서 조중동 왜곡보도 규탄 기자회견을 열어 '왜곡보도에 대한 사죄와 사실보도'를 촉구한 뒤 '광우병 미국 쇠고기 수입 반대'와 '왜곡보도 일삼는 조중동 반대'의 내용이 담긴 스티커를 조선일보사 앞 알림판에 부치고 있다. p.56

5월 26일 새벽, 미국산 쇠고기 수입 반대 촛불문화제에 참가했던 한 시민이 서울 신촌로터리에서 거리행진을 벌이다 경찰에 연행돼 호송차량에 갇힌 채 밖을 바라보고 있다. p.58

5월 28일 밤, 한 시민이 서울 태평로 파이낸셜빌딩 앞에서 가로막은 경찰 차량 사이로 촛불을 들어 보이고 있다. p.59

5월 28일 밤, 촛불문화제에 참가한 시민들이 길을 가로막고 있는 경찰을 향해 안전한 귀가를 요구하고 있다. p.60

5월 29일 저녁, 정부가 미국산 쇠고기 수입 위생조건 장관 고시를 강행하자, 서울광장에서 열린 '국민심판 촛불대행진'에 참석한 시민들이 촛불을 치켜든 채 '고시 철회'와 '협상 무효' 등의 구호를 외치고 있다. p.62

5월 29일 밤, 경찰이 촛불문화제에 참가한 시민들에게 쏘아댄 물대포로 서울시청 앞 거리가 물바다를 이루었다. p.64

5월 29일 오후, 정운천 농림수산식품부 장관이 과천 정부청사 합동브리핑실에서 미국산 쇠고기 수입과 관련한 고시 확정을 발표하고 있다. p.66

5월 29일 오후, 미국산 쇠고기 및 쇠고기 제품 수입 위생조건 장관 고시를 앞둔 과천 정부청사 앞에서 한미 FTA 농축수산비상대책위 회원들이 장관과의 면담을 요구하며 청사 진입을 시도하다 막히자 미국산 쇠고기 수입을 반대하는 스티커를 경찰 방패에 붙이고 있다. p.66

5월 31일 저녁, 미국산 쇠고기 수입 위생조건 장관 고시 철회와 재협상 등을 요구하며 서울광장에서 촛불문화제를 연 시민들이 태극기와 '아고라'라고 적힌 펼침막을 앞세우고 광화문 방향으로 행진하다 경찰 버스에 가로막혀 있다. p.68

6월 1일 새벽, 미국산 쇠고기 수입 위생조건 장관 고시 철회와 재협상, 이명박 대통령 퇴진 등을 요구하며 청와대로 통하는 서울 삼청동 들머리에서 밤샘 시위를 벌인 시위대에게 경찰이 직격 물대포를 쏘며 해산을 시도하고 있다. p.72

6월 1일 자정을 넘긴 시각, 서울 삼청동 들머리에서 경찰이 시위대를 향해 물대포를 쏘고 있다. p.73

6월 2일 새벽, 광화문 사거리에서 경찰이 촛불문화제 참가자들의 거리행진을 강제 해산하면서 시민의 얼굴을 향해 최루액 분사기를 뿌리고 있다. p.73

5월 29일 저녁, 촛불문화제가 열린 서울광장 들머리에서 자원봉사자들이 다음 아고라 회원들의 성금으로 사온 과자와 생수를 나눠주고 있다. p.75

6월 1일 새벽, 서울 삼청동 들머리에서 시위를 벌이며 경찰과 대치하던 시위대가 경찰버스에 '평화'를 염원하는 뜻을 담은 종이학을 접어 꽂고 있다. p.77

5월 31일 저녁, 미국산 쇠고기 수입 위생조건 장관 고시 철회와 재협상 등을 요구하며 서울광장에 모인 5만여 명의 시민들이 촛불을 밝혀 들고 있다. p.80

5월 30일 저녁, 인천에서 온 여고생들이 서울광장 앞에서 "우리가 무섭지 않는가"라는 손 팻말을 들어 보이고 있다. p.82

어둠은
빛을
이길 수 없습니다

6월 2일 저녁, 촛불문화제에 참가한 시민들이 장대비가 내리는 서울광장에서 흐트러짐 없이 촛불을 들고 있다. p.85

6월 6일 새벽, '72시간 릴레이 국민행동' 첫날 밤샘 시위를 마친 참가자들이 광화문 네거리를 지나 귀가하고 있다. p.88

6월 3일 밤, 서울광장에서 열린 촛불문화제를 마친 시민들이 세종로 이순신 장군 동상 앞까지 와 시위를 벌이고 있다. 참가 학생들이 등 뒤에 매단 팻말에 쓰인 감각적인 문구가 눈길을 끈다. p.90

6월 3일 밤, 서울광장에서 열린 촛불문화제를 마친 시민들이 세종로 이순신 장군 동상 앞에서 시위를 벌이고 있다. p.90

6월 3일 밤, 촛불문화제에 참여한 시민과 학생들이 광화문 네거리에서 경찰버스에 가로막혀 거리시위를 벌이는 동안 대통령을 풍자한 손팻말을 들고 있다. p.90

6월 5일 저녁, 촛불문화제에 참가한 여중생들이 "저희가 뭘 잘못했나요? 저희 좀 살려주세요"라고 적힌 손 팻말을 들고 있다. p.90

6월 6일 밤, 서울광장에서 촛불집회를 마친 시민들이 남대문을 거쳐 한국은행 앞으로 행진하면서 대통령을 풍자하는 팻말을 들고 있다. p.90

6월 6일 밤, 새시대예술연합 회원들이 서울광장을 출발해 거리행진을 벌이며 경찰의 폭력진압과 강제연행을 풍자한 놀이를 하고 있다. p.90

6월 6일 오후, 인터넷 카페 '유모차부대' 회원들이 아이들을 태운 유모차를 끌고 서울시청 앞에서 광화문을 향해 걸어가고 있다. p.93

6월 2일 밤, 촛불문화제에 참가했던 시민들이 서울 광화문 네거리에서 자발적 문화공연단원들의 연주에 맞춰 즉석 노래부르기를 하고 있다. p.93

6월 6일 오후, 광화문 네거리를 막고 서 있는 경찰버스에 '(주)대한민국' 명의의 이명박 대통령 해고통지서가 붙어 있다. p.94

6월 5일 저녁, 다음 아고라 회원들이 광화문에서 촛불집회가 열리고 있는 서울광장을 향하고 있다. p.96

6월 8일 새벽, 경찰이 광화문 네거리 경찰 차량 위에서 시위대를 향해 소화기를 분사하고 있다. p.99

6월 3일 밤, 촛불문화제에 참가한 시민이 광화문 네거리에서 헤드랜턴 불빛에 의지해 책을 읽고 있다. p.101

6월 8일 오후, 건강사회를 위한 약사회·치과의사회, 노동건강연대, 인도주의실천의사협의회, 참의료실현청년한의사회 등 건강권 실현을 위한 보건의료단체연합 회원들이 청와대 들머리인 청운동 주민센터 앞에서 연 '미국산 쇠고기 수입 반대와 의료보험 민영화 반대 시국선언' 중 참가자가 아이를 목에 태운 채 손 팻말을 들고 있다. p.102

6월 8일 오후, 유모차에 타고 있는 한 아이가 서울광장에서 흥겨운 음악소리가 흘러나오자 웃고 있다. p.103

6월 8일 저녁, '72시간 릴레이 국민행동' 나흘째 촛불문화제를 마친 시민들이 광화문 네거리에서 삼삼오오 앉아서 이야기를 나누고 있다. p.104

6월 10일 밤, 6.10 민주항쟁 21돌 기념일인 이날 광화문 네거리에서 덕수궁 앞, 남대문까지 거리를 가득 메운 수십만 명의 시민들이 촛불을 밝힌 채 '미국산 쇠고기 재협상' 등을 요구하며 행진하고 있다. p.110

6월 10일 저녁, 6월항쟁 때 숨진 고 이한열 열사의 영정과 상여를 앞세운 연세대생들과 시민들이 연세대를 나서 시청으로 향하고 있다. p.112

6월 10일 저녁, 미국산 쇠고기 수입 재협상을 요구하는 '6.10 100만 촛불대행진'에 참가한 시민들이 광화문 네거리에서 촛불과 손 팻말을 높이 치켜든 채 '이명박 대통령 퇴진' 구호를 외치고 있다. p.115

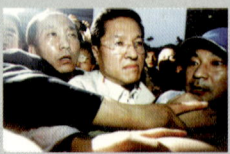

6월 10일 저녁, 경찰이 컨테이너 박스를 쌓아 만든 명박산성에서부터 서울시청 앞에 이르는 도로를 가득 메운 시민들이 촛불을 치켜든 채 '쇠고기 전면 재협상, 타도 독재정권' 등의 구호를 외치고 있다. p.116

6월 10일 저녁, 정운천 농림수산식품부 장관이 광화문 네거리 '100만 촛불대행진' 집회장에 나타나 자유발언을 하려다 시민들의 비난을 받자 관계자들에게 둘러싸여 집회장을 빠져나가고 있다. p.118

6월 10일 오전, 경찰이 컨테이너 박스로 만든 '명박산성'이 광화문 세종로를 가로막아, 출근길이 혼잡을 빚고 있다. p.121

6월 10일 밤, 시민들의 청와대 진출을 막기 위해 경찰이 광화문 이순신 동상 앞을 컨테이너 박스로 쌓고 그 뒤를 경찰버스로 막아놓았다. p.122

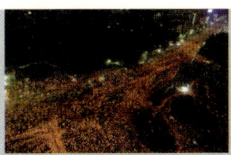

6월11일 새벽, '6.10 100만 촛불대행진'이 마치고, 밤샘 시위를 하고 있는 시민들이 "컨테이너라는 반인권적 탑에 맞서 민중의 의지를 보여주는 인권 탑을 쌓자"며 스티로폼을 옮기고 있다. p.125

6월 11일 아침, 경찰들이 '명박산성' 앞 스티로폼 위에 서 있다. p.126

6월 10일 밤, '6.10 100만 촛불대행진'에 참가한 시민이 태평로에서 촛불길을 만들고 있다. p.127

6월 10일 저녁, 6.10 민주항쟁 21돌 기념일인 이날 광화문 네거리에서 덕수궁 앞, 남대문까지 거리를 가득 메운 수십만 명의 시민들이 촛불을 밝힌 채 '미국산 쇠고기 재협상' 등을 요구하며 행진하고 있다. p.128

6월 11일 새벽, '6.10 100만 촛불대행진' 참가자들이 서울 세종로 돌머리에 설치한 컨테이너 장벽을 스티로폼으로 만든 계단을 통해 올라 "소통의 정부, 이것이 엠비(MB)식 소통인가"라는 대형 펼침막과 각 단체가 가져온 깃발을 흔들고 있다. p.130

6월 21일 저녁, 미국산 쇠고기 재협상 촉구 촛불문화제에 참가한 여학생들이 서울광장에 마련된 무대에 올라, '촛불소녀' 캐릭터 아래 다양한 구호가 적힌 손 팻말을 들어 보이고 있다. p.139

6월 13일 밤, 서울광장에서 열린 촛불집회에 참가한 시민 1만여 명이 "보수단체 회원들이 KBS와 MBC 진입을 시도한다"는 소식을 듣고, 여의도 KBS 본관을 향해 마포대교를 건너고 있다. p.140

6월 18일 오후, 고업제 전우회 회원들이 여의도 KBS 본관 앞에서 KBS와 정연주 사장 규탄집회를 마친 뒤 정 사장의 자택이 있는 서울 서초구를 향해 차량으로 이동하고 있다. p.143

6월 16일 저녁, 촛불을 든 시민들이 여의도 KBS 본관 앞에서 공영방송 장악을 반대하는 손 팻말을 들고 집회를 열고 있다. p.143

6월 13일 오후, '효순·미선양 6주기 추도행사'가 열린 서울광장에서 고등학생들이 헌화를 하기 위해 꽃을 들고 있다. p.145

6월 17일 저녁, 서울광장에서 광우병 위험 미국산 쇠고기 반대 촛불집회를 마친 시민들이 '운하반대'가 적힌 대형 걸개를 들고 덕수궁 앞을 지나 광화문으로 행진하고 있다. p.147

6월 21일 저녁, 인터넷 카페 '소울드레서' 회원들이 서울 강남 코엑스몰 앞에서 미국산 쇠고기 재협상을 촉구하고, 조중동 등의 보도행태를 비판하는 행위극을 펼치고 있다. p.148

6월 19일 오후, 이명박 대통령이 청와대 춘추관에서 '쇠고기 협상 파문' 등 최근 국정혼란 사태에 대한 특별기자회견을 하며 손으로 코를 문지르고 있다. p.150

6월 19일 밤, 서울광장에서 광우병국민대책회의가 '광우병 쇠고기 투쟁과 촛불운동, 어떻게 승리할 것인가'를 주제로 연 1차 국민대토론회에서 패널과 시민들이 열띤 토론을 벌이고 있다. p.152

6월 17일 저녁, 서울광장에서 열린 광우병 위험 미국산 쇠고기 반대 촛불집회에 참석한 한 가족이 다함께 촛불을 들어 보이고 있다. p.154

6월 12일 저녁, 감사원의 KBS '표적 감사'에 반대하는 시민들이 여의도 KBS 본관 앞에서 비가 내리는데도 불구하고 촛불을 밝히든 채 시위를 벌이고 있다. p.156

6월 22일 저녁, 광우병 위험 미국산 쇠고기 반대 촛불집회에 나온 한 어린이가 서울광장에서 촛불을 손에 들고 환하게 웃고 있다. p.157

6월 29일 저녁, 미국산 쇠고기 고시 반대를 요구하는 한 시민이 서울광장 집회가 원천봉쇄되자 건널목을 건너며 시위를 벌이다 경찰에 연행되고 있다. p.166

6월 28일 저녁, 청와대 방향으로 행진하려는 시민들이 태평로 프레스센터 앞에 설치된 경찰 차벽에 줄을 매 끌어당기자 경찰이 물대포와 분말소화기를 쏘며 차벽 뒤쪽에서 함께 줄을 당기고 있다. p.168

6월 26일 새벽, 새문안교회 뒷편 골목에서 시위대를 해산하기 위해 등장한 살수차를 시민들이 몸으로 막아내자 경찰이 밀어 붙이고 있다. p.169

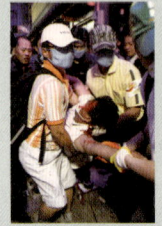

6월 26일 저녁, 촛불문화제에 참가한 한 시민이 서울 세종로에서 경찰에 맞아 머리에 피를 흘린 채 시민들의 도움을 받으며 빠져나오고 있다. p.170

6월 29일 새벽 0시 20분께, 태평로 프레스센터 앞 차벽을 사이에 두고 시민과 대치하던 경찰이 방패를 휘두르며 시민들을 강제해산하고 있다. p.173

6월 25일 오후, 고시강행 규탄 기자회견 후 경복궁역 앞에서 연좌농성하던 이정희 민주노동당 의원이 경찰에 연행돼 경찰차량 안에서 창 밖의 취재진을 향해 항의 입장을 밝히고 있다. p.175

6월 27일 오후, 서울시 철거용역직원들이 '미국산 쇠고기 수입 반대와 장관고시 철회'를 주장하며 서울광장에서 농성 중인 광우병국민대책회의 상황실 천막을 강제 철거하고 있다. p.177

6월 29일 저녁, 경찰이 서울시청 앞에서 경찰들이 미국산 쇠고기 고시 반대를 요구하는 한 시민을 연행하며 웃고 있다. p.178

6월 27일 밤, 태평로 코리아나 호텔 앞에서 광우병 미국산 쇠고기 수입 반대 촛불집회에 참가한 시민들과 이들을 막기 위해 나온 경찰들이 대치한 상태에서 각각 휴식을 취하고 있다. p.181

6월 28일 저녁, 서울 태평로에서 시민들이 이명박 대통령을 조롱하는 대형 걸개 그림을 함께 그리고 있다. p.183

6월 26일 새벽, 신문로 1가에서 시민들이 경찰의 물대포에 몸으로 맞서고 있다. p.184

6월 28일 밤, 경찰이 태평로 프레스센터 앞 인도 위에 있는 시민들에게까지 물대포를 쏘고 있다. p.186

6월 26일 새벽, 새문안교회 뒤 골목에서 시위대를 해산하기 위해 물대포 물을 뿜자 한 시민이 달려들어 몸으로 저지하고 있다. p.188

6월 27일 저녁, 태평로에서 한 국민대 학생이 이명박 정부의 국민 탄압은 학생 시절 공부가 모자라 벌어진 일이라며 제대로 공부하라는 의미의 행위극을 하고 있다. p.189

6월 29일 아침, 촛불집회를 자진 해산한 시민들이 마지막 집회장소인 종로 1가에서 거리를 청소하고 있다. p.189

6월 30일 저녁, 천주교정의구현사제단의 시국미사가 열린 서울광장에서 한 신부가 기도를 하고 있다. p.199

6월 30일 저녁, 천주교정의구현사제단 신부들이 서울광장에서 시국미사를 연 뒤 거리행진을 하고 있다. p.201

7월 3일 저녁, 국민존엄 선언과 평화적인 촛불집회 보장을 위한 시국기도회를 마친 목사, 신도와 시민들이 서울광장을 출발해 거리행진을 벌이고 있다. p.204

7월 4일 저녁, 국민주권수호와 권력의 참회를 위한 시국법회가 서울광장에서 열려 스님들이 108배를 하고 있다. p.207

7월 4일 저녁, 이명박 정부의 특정 종교 편향에 대해 불만을 표시해온 스님과 신도들이 서울광장에서 열리는 시국법회에 참석하기 위해 종로구 견지동 조계사에서 서울시청으로 행진하고 있다. p.208

7월 3일 밤, 국민존엄 선언과 평화적인 촛불집회 보장을 위한 시국기도회가 끝난 서울광장 한켠에서 시위대가 놓고 간 촛불이 불을 밝히고 있다. p.213

7월 4일 밤, 시국법회에 참가한 스님들이 거리행진을 마치고 서울광장으로 돌아오자 광장에서 단식농성 중이던 천주교정의구현전국사제단 신부들이 장미꽃을 전한 뒤 함께 행진하고 있다. p.215

7월 5일 저녁, 서울광장에서 열린 '국민승리의 날' 촛불집회에서 시민들이 '공안탄압 중단과 어청수 경찰청장의 퇴진'을 요구하며 촛불을 든 채 국민승리를 외치고 있다. p.217

7월 4일 밤, 시국법회에 참가한 한 가족이 거리행진을 마치고 서울광장으로 돌아오고 있다. p.218

6월 30일 저녁, 서울광장에서 열린 천주교정의구현사제단 시국미사에서 시민들이 촛불을 밝히고 있다. p.220

6월 30일 저녁, 서울광장에서 열린 천주교정의구현사제단 시국미사에서 사제단이 입장하고 있다. p.223

7월 4일 오후, 시국법회가 열린 서울광장에서 조계사에서 출발한 500여 명의 스님들과 불자, 시민 1만여 명이 예불을 올리고 있다. p.228

7월 17일 저녁, 공영방송 지키기를 위한 촛불집회가 열린 청계광장에서 시민들이 'PD수첩을 지키자'라는 구호를 외치고 있다. p.232

7월 13일 새벽, 경찰차량으로 막힌 서울시청 앞 거리에서 한 시민이 '근조 대한민국 민주주의'라고 적힌 손팻말을 들고 있다. p.235

7월 17일 밤, 종로구 수송동 한국일보사 앞에서 청와대로 향하던 시위대를 향해 경찰이 물을 뿌리며 저지하자 비옷을 입은 시민들이 뒤돌아서 버티고 있다. p.236

어둠은
빛을
이길 수 없습니다

7월 18일 오전, 노마 강 무이코 국제 앰네스티 동아시아 조사관이 서울 태평로 프레스센터에서 촛불집회 인권침해 조사결과를 발표하고 있다. 무이코 조사관은 "과도한 무력을 행사한 경찰관의 책임을 물어서 법에 의한 통치에 대한 의지를 보여주어야 하고 기소된 시위대들에게 적법한 절차를 제공해야 한다"고 말했다. p.239

8월 15일 저녁, 서울 명동 거리에서 경찰이 색소 물대포를 쏘며 시위대를 연행하고 있다. p.241

7월 20일 새벽, 촛불문화제에 참석한 한 시민이 종로 1가 거리에서 경찰을 향해 손 팻말을 든 채 서 있다. p.243

6월 18일 저녁, 서울광장에서 열린 촛불집회에 참가한 한 시민이 들고 있는 촛불 종이컵에 '이명박 OUT'이라고 적혀 있다. p.245

7월 17일 밤, 종로구 수송동 한국일보사 앞에서 시민들이 경찰의 물대포를 맞으며 버티고 있다. p.246

7월 27일 저녁, 이길준 이경이 서울 신월동 성당에서 촛불집회 강제진압에 대한 양심선언 기자회견을 열고 전의경제도 폐지요구 및 부대복귀 거부를 선언하고 있다. p.247

7월 12일 밤, 촛불문화제에 참가한 김영수 씨 가족이 서울 을지로 1가를 지나 행진하며 활짝 웃고 있다. p.248

어둠은 빛을 이길 수 없습니다

2008 촛불의 기록

초판 1쇄 발행 2008년 12월 26일
2쇄 발행 2009년 2월 10일

기획 참여연대 참여사회연구소
글 김현진 박영선 송경재 신진욱 오건호 윤형은 이남주 이명원 주요섭 차병직 최현주 한홍구
사진 〈한겨레〉 〈한겨레21〉
그림 박재동
펴낸이 이기섭
편집주간 김수영
기획편집 박상준 김윤정
마케팅 조재성 성기준 김미란 한아름
디자인 DesignZoo

펴낸곳 한겨레출판(주)
등록 2006년 1월 4일 제313-2006-00003호
주소 121-750 서울시 마포구 공덕동 116-25 한겨레신문사 4층
전화 마케팅 02-6383~1602~3, 기획편집 02-6383-1607~9
팩스 02-6383-1610
홈페이지 www.hanibook.co.kr
이메일 book@hanibook.co.kr

ISBN 978-89-8431-308-8 03300